Aparecida Liberato

& Beto Junqueyra

Seu NOME, Sua VIDA

Descubra o verdadeiro significado do nome de nascimento por meio da Numerologia

SEXTANTE

revisão: Luis Américo Costa, Maria José de Sant'Anna e Sérgio Bellinello Soares
projeto gráfico e diagramação: Marcia Raed
capa: Miriam Lerner
pré-impressão: ô de casa
impressão e acabamento: Cromosete Gráfica e Editora Ltda.

CIP-BRASIL. CATALOGAÇÃO-NA-FONTE
SINDICATO NACIONAL DOS EDITORES DE LIVROS, RJ

L666s

Liberato, Aparecida
Seu nome, sua vida: descubra o verdadeiro significado do nome de nascimento por meio da Numerologia / Aparecida Liberato & Beto Junqueyra. – Rio de Janeiro: Sextante, 2007.

ISBN 978-85-7542-346-2

1. Numerologia. 2. Simbolismo dos números. 3. Nomes pessoais. I. Junqueyra, Beto, 1960-. II. Título.

CDD: 133.335
07-4409 CDU: 133.3:511

Editora Sextante / GMT Editores Ltda.
Rua Voluntários da Pátria, 45 – Gr. 1.404 – Botafogo
22270-000 – Rio de Janeiro – RJ
Tel.: (21) 2286-9944 – Fax: (21) 2286-9244
E-mail: atendimento@esextante.com.br
www.sextante.com.br

SUMÁRIO

APRESENTAÇÃO

O VERDADEIRO SIGNIFICADO DOS NOMES

– Deu positivo! Estou grávida! – gritou a mãe, feliz da vida, ao ler o resultado do teste de gravidez. – Se for menina, eu gostaria que ela se chamasse Mara! É uma homenagem à minha tia Mara!

– Que lindo, meu amor! Lindo! Estou tão feliz! – completou o pai, emocionado, abraçando a mãe da criança que nasceria nove meses depois...

Mas, após um longo abraço, o futuro papai completou:

– Só tem um problema... Se for menina, eu prefiro que o nome dela seja Lia! Você sabe, foi a Dona Lia que me ensinou a escrever, quando eu tinha seis anos... Ela é que merece ser homenageada!

E continuaram discutindo o nome da filha... Queriam tanto que fosse uma menina que nem levantaram a possibilidade de serem pais de um garoto...

Nos dias que se seguiram, o casal tratou de dar a boa-nova aos pais, irmãos, amigos e colegas de trabalho. A tão sonhada filha estava a caminho. O pai teve vontade de publicar um anúncio no jornal da cidade para registrar tamanha alegria. A mãe logo começou a fazer o enxoval do bebê. Ou melhor, da Mara! Ou da Lia?

Mara ou Lia? Lia ou Mara?

O tempo passava, a barriga aumentava dia após dia, mas a discussão persistia. A mãe resolveu então comprar um livro para entender melhor o significado dos nomes que desejavam dar à criança.

Mas, para sua decepção, ela descobriu que Mara significava "amargurada". Amargurada!? Como? Não podia ser... Era o nome de uma tia que morava no exterior e que ela tanto admirava. "Amargurada? A tia Mara? Será que, no íntimo, a tia Mara sempre foi assim e eu nunca percebi?" – pensava a todo instante.

E Lia, para frustração do pai, que também consultou o dicionário? Significava "cansada"! Cansada...

Certamente eles não desejavam essas "características" para um filho. Os pais procuraram na internet mais informações e compraram outros livros. *Os tradicionais textos sobre nomes não diziam nada sobre a essência de cada um.* O pouco que descobriram não foi muito alentador: Mara, de origem hebraica, vem da palavra *marah,* que, de fato, quer dizer "amarga" e significa "aflita, amargurada". E, de acordo com a mitologia hindu, Mara é uma divindade... É o deus da morte!

Não, não poderia ser Mara. Nem Lia...

Mas esses nomes não têm essas características negativas. Seguramente as pessoas que se chamam Mara não são amarguradas. E nem aquelas com o nome Lia são cansadas... *Essas definições não passam de meras origens. Os nomes que temos ou escolhemos para nossos filhos carregam vibrações e significados muito mais fortes que a simples etimologia deles.*

Segundo a Numerologia, a energia que o nome Mara traz para as pessoas que o recebem em nada parece com amargura ou morte. Mara, um nome de vibração 15, contribui para características de amor, responsabilidade e justiça.

O mesmo acontece com Lia, que tem a vibração do número 13. Com essa energia, Lia revela-se uma pessoa resistente, prática e determinada. Ou seja, é o oposto de uma pessoa cansada.

Neste livro trataremos desse assunto com mais profundidade. Daremos mais elementos para que você possa saber quais energias positivas e negativas os nomes realmente carregam. Isso é muito importante para ajudar na escolha do nome de um filho, assim como entender o que está por trás do seu nome ou dos nomes das pessoas que o cercam.

É fato que, quando conhecemos o número do nome e a energia que ele carrega, temos revelados o caráter e a personalidade da pessoa.

Assim, fica mais fácil compreender as suas atitudes, de modo que seja possível lidar melhor com os desafios que surgirem ao longo da sua vida e da vida dos seus filhos com mais compreensão e equilíbrio.

ENQUANTO ISSO, NA ESCOLA...

— Miguel! – gritou a professora pela oitava vez na aula. – Ou você fica quieto na sua carteira ou não vai poder assistir ao filme sobre os pingüins!

A professora Rita, a paciente mestra que dava aulas para a quarta série havia mais de 20 anos, estava diante de um dos maiores desafios da carreira dela: Miguel. O menino tinha um temperamento forte que o acompanhara desde os primeiros meses de vida. Os pais achavam que, ao chegar aos 10 anos, ele sossegaria. Pelo menos um pouco. Nada disso! O tio, pediatra, fizera até alguns exames... Mas Miguel não era hiperativo. Tinha, sim, uma imensa energia, transbordando alegria e entusiasmo por onde passava. Queria aprender, conhecer o mundo. Nada que ele não entendesse passava em branco. Logo pedia uma explicação, que suscitava uma outra dúvida, que por sua vez... E ninguém tinha vez mesmo. Miguel sentia a necessidade de resolver seus problemas na hora. Ali. Não podia esperar. Se o colega do lado estava com um livro diferente, que esclarecia um assunto que lhe interessava, ah, ele não tinha dúvida, ia pedir o livro para poder dar uma espiada. E insistiria em plena aula, até conseguir. Assim era o Miguel. E no futuro certamente ele não teria dificuldade em lidar com os desafios que surgissem.

– Miguel!

– Mas, professora Rita! Eu só queria testar o experimento do Leonardo...

– Leonardo? Experimento? Miguel, você transformou essa caneta, com uma hélice de papel, numa bomba voadora que acertou a sua...

– Bomba, não! Era o helicóptero do Leonardo da Vinci, que eu li no livro do meu colega...

– Bem, vamos retomar nossa aula! – disse a professora. – Antes de mais nada, gostaria de um voluntário para me ajudar a preparar a festa do Dia do Livro. Só alguém para...

– Eu, professora! – gritou Priscila, erguendo o braço direito, nem sequer deixando a professora terminar de falar.

– Priscila, que bom! Você sempre está pronta a participar da organização das nossas atividades.

A menina era uma parceira em casa, na escola, no grupo de escoteiros e no clube. Estava sempre disposta a auxiliar os mestres e chefes em preparar festas, eventos e até bingos para arrecadar fundos. Priscila tinha também sua energia, uma energia especial que a conduziria rumo ao destino que o universo traçara para ela. Desde cedo, tinha um espírito de colaboração que era contagiante...

– Eu também quero ajudar! – gritaram duas colegas ao mesmo tempo...

Mas uma companheira de classe, como acontecia algumas vezes, ficou enciumada:

– Mas como a Priscila é chata! Ela só quer chamar a atenção!

Antes que a menina falasse alguma coisa, a pequenina Inês veio imediatamente em defesa dela:

– A Priscila só quer ajudar! Você sabe que tudo que ela faz fica bonito.

E a Inês continuou a defesa, lembrando as incontáveis festinhas em que Priscila auxiliara na organização. Não havia nada o que falar contra o espírito solidário da menina de nove anos. A colega acabou concordando, sem ressentimentos...

– Muito bem observado, Inês! Você é uma diplomata nata! – elogiou a professora Rita.

Miguel, Priscila, Inês, Rita... Quatro nomes. Quatro energias especiais, diferentes. Quatro nomes que um dia a "intuição" de seus pais escolheu. E esses nomes acompanhariam aquelas quatro pessoas por toda a vida. Essa viagem em direção ao destino, com a energia do nosso nome, é o que vamos lhe proporcionar nas próximas páginas. Você aprenderá o que os nomes significam, como chegar a eles e como tirar proveito dessa energia.

UM MOMENTO ESPECIAL: A ESCOLHA DO NOME DE VIDA

— Presente! Quantas vezes você gritou "Presente!" em sala de aula quando seus professores disseram seu nome durante a chamada de presença? E quantas vezes seu filho repetirá "Presente!" na escola ao escutar o nome dele? *Seu nome está de fato presente em sua vida o tempo todo. Ele marca a sua identidade. Quando as pessoas escutam um nome, imediatamente o associam à imagem de alguém, portanto o nome é referência. Com o seu nome, você marca o seu jeito de ser, seu estilo de vida e sua personalidade única.*

Como você pôde ver na passagem pela escola, no capítulo anterior, nosso nome é dotado de uma forte vibração. Ele mostra traços de nossa personalidade que indicam qual é a primeira reação a um determinado estímulo. Estamos falando do prenome ou do nome que a pessoa recebeu *no nascimento*. Vamos chamá-lo de *Nome de Vida*. Áurea, Carlos, Blanca, Francisco, por exemplo. Esses nomes têm força. Eles mostram seus talentos naturais. Para Áurea, tudo se torna um grande desafio; para Carlos, o mais importante é experimentar; para Blanca, a afetividade vem em primeiro lugar; e, para Francisco, é melhor pensar muito antes de decidir.

É uma força especial que, num determinado momento, leva um pai ou uma mãe a escolher um determinado nome para seu filho. Ele não é obra do acaso. No nome está contida toda a informação acerca da vida e da essência de uma pessoa. O sopro da alma inspirou os pais a escolher um ou outro nome. A força do divino determina o destino e o desafio dessa criança na vida. Mas é o nome que revela qual é esse destino e qual é esse desafio.

O nome faz com que nos diferenciemos uns dos outros. Mas essa diferença não está apenas na ortografia, na estética ou mesmo na origem. Érica e Érika, Ethel e Etel, Luís e Luiz têm a mesma etimologia, porém as energias são diferentes. *Assim, muito mais importante do que a etimologia de cada nome é compreender o sistema de símbolos que cada um representa, as qualidades que ele expressa. O nome descreve as características de personalidade de cada pessoa. O nome mostra a maneira como aquela pessoa vai atuar no seu destino. E o nome indica também o modo como o seu filho vai lidar com a vida.*

O que existe por trás de cada letra do nome é um número que não expressa quantidade e sim qualidade. Essa sabedoria vem dos tempos remotos. Segundo Pitágoras, o filósofo grego que teve Sócrates e Platão como discípulos, os números formam os elementos da realidade. Eles organizam o mundo com precisão matemática e possuem força. A partir desses ensinamentos, com o passar do tempo, atribuiu-se um número a cada letra do alfabeto, de 1 a 9, conforme você pode ver na tabela abaixo:

1	2	3	4	5	6	7	8	9
A	B	C	D	E	F	G	H	I
J	K	L	M	N	O	P	Q	R
S	T	U	V	W	X	Y	Z	

Para ilustrar melhor como é feita a conversão de letras em números, tomemos como exemplo a atriz Angelina Jolie, que recebeu no seu nascimento o nome de Angelina Jolie Voight. Decompondo o Nome de Vida Angelina, chegamos a um total 36. Veja a seguir como é fácil fazer o cálculo: basta substituir cada letra pelo respectivo valor numérico.

A	N	G	E	L	I	N	A
1	5	7	5	3	9	5	1

1 + 5 + 7 + 5 + 3 + 9 + 5 + 1 = 36

Essa energia 36 significa que a atriz e modelo apresenta determinadas características de personalidade que vão diferenciá-la de qualquer outra pessoa. Como veremos ainda neste capítulo, ANGELINA, energia 36, gosta do contato com os outros, pois quer ser a fonte inspiradora. Aprecia aconselhar e prestar serviços. Gosta de liderar grandes projetos, mas pode ter dificuldades em organizá-los. É necessário saber os limites para não exagerar no cuidado com os outros. É comunicativa e criativa. Pode ter comportamentos extremados como a alegria e a falta de ânimo. E assim é essa famosa mulher: mente aberta, com grande capacidade de aceitação e compreensão. Angelina envolve-se intensa e emocionalmente com tudo o que faz.

Ao decompor o somatório da energia das letras que formam o nosso Nome de Vida, chegamos a uma determinada energia que varia de 6 a 78. Assim, para quem está estudando um nome para o filho ou quer entender as vibrações do próprio nome, descrevemos nas próximas páginas todas as possibilidades.

Em seguida, apresentamos uma relação de mais de 700 nomes, divididos em nomes de mulheres e nomes de homens. Neles, para facilitar a consulta, já descrevemos o significado, a verdadeira essência, segundo a Numerologia. E não deixamos de mencionar a etimologia de cada um.

Mas, se o nome que você está procurando não estiver nessa relação, para saber o que ele significa, após calcular a vibração dele, consulte a seguir o número correspondente. Assim, você poderá conhecer a energia do seu Nome de Vida, aquela energia que está no seu nome de batismo e que vai acompanhá-lo ou vem atuando sobre seu modo de agir ao longo da sua caminhada.

Diferentemente de Angelina Jolie, que possui apenas um Nome de

Vida, uma pessoa pode ter dois nomes próprios como Ana Laura e João Pedro. Nesses casos, deverá calcular tanto a energia dos dois nomes juntos como a energia pela qual ela é mais conhecida.

NOMES DE VIDA DE 6 A 78

NOME DE VIDA 6

Para viver bem, precisa sentir-se parte de um grupo de amigos, de trabalho, comunitário ou familiar. Melhor ainda se estiver em todos. Supre as necessidades dos outros. É amável e sabe ouvir. Deve tomar cuidado para não ser influenciado pelas outras pessoas, pois sua tendência é dedicar-se demasiadamente a elas. Possui um bom talento artístico.

NOME DE VIDA 7

Tem grande intuição, o que a ajuda a sentir tudo de maneira muito especial. Sua percepção aguçada o ajuda a encontrar soluções. Reage frente a estímulos de maneira calma e discreta, sem se envolver. Precisa de um tempo para responder, para dar sua opinião e para se definir. Precisa analisar de maneira profunda, para então se sentir totalmente seguro e tomar uma posição.

NOME DE VIDA 8

Reage à vida de maneira decidida e corajosa. Procura concentrar seus esforços para dar uma solução eficaz. Enfrenta os estímulos sabendo que a partir de sua atitude vai ser gerada uma série de novas oportunidades. Lida com seu destino de uma maneira ambiciosa e produtiva. É muito intenso em suas decisões. Reage com lógica, buscando vantagens e oportunidades. Tem atitudes calcadas na razão.

NOME DE VIDA 9

Reage aos estímulos de maneira gentil e compreensiva. Não faz prejulgamentos e é pacifista. Muitas vezes tem atitudes baseadas na emoção, comovendo-se intensamente e podendo até se impressionar. Com mente aberta e pensamento liberal, procura compreender tudo, e isso pode fazer com que tenha dificuldades em ser objetivo.

NOME DE VIDA 10

Reage às situações de maneira direta, pronta para encontrar uma solução inovadora e rápida. Precisa estar sempre motivado. Sabe influenciar as pessoas, deseja dar as ordens, mas sua presença é de harmonia. Não gosta de tratar de detalhes. Deve controlar a tendência a desejar tudo na hora. Prefere agir sozinho, pois é muito criativo e original.

NOME DE VIDA 11

Sensível às outras pessoas, dá força a elas. Responsável, tem sempre uma maneira prática e lógica de analisar e resolver problemas e enfrentar desafios. Reservado e introspectivo, revela sua grande força espiritual aprendendo diante de qualquer situação. É fonte de inspiração para os outros e tem fortes dons artísticos.

NOME DE VIDA 12

Simpático e amável, sabe convencer seus pares. Porém, quando é muito franco no que fala e opina, acaba afugentando as pessoas. Alegre e cheio de vida, gosta de estar rodeado de amigos. Faz de tudo para ser valorizado e reconhecido. Simples e prático, é uma pessoa de ação. Movido pelo entusiasmo, aprecia situações em que seja intelectualmente desafiado.

NOME DE VIDA 13

Gosta de renovar, de transformar e de substituir um padrão por outro mais eficiente. Tem prazer em ajudar a resolver os problemas dos outros com suas idéias originais. Encontra sempre uma alternativa objetiva e prática. No entanto, pode ter dificuldade em expressar o que deseja fazer, desperdiçando assim seu potencial criativo.

NOME DE VIDA 14

Dinamismo, determinação e forte intuição ajudam a estruturar as muitas idéias que vêm à sua mente. Adora novidades, tem enorme necessidade de experimentar o novo e aventurar-se. A versatilidade e a sensualidade são suas marcas registradas. Autoconfiante, gosta de se envolver em grandes empreendimentos.

NOME DE VIDA 15

Busca a harmonia e o equilíbrio. É muito observador, extremamente ativo e dinâmico. Generoso e responsável, zela como ninguém pelas suas coisas e pelos que o rodeiam. Teimoso, contesta tudo, e, com sua mente ágil e rápida, tem sempre uma opinião a dar. Comunica-se com facilidade e clareza, e, com seus conselhos, envolve e influencia as outras pessoas.

NOME DE VIDA 16

É um amigo leal, bastante intuitivo e criativo. Líder por natureza, tem magnetismo e atrai as pessoas. Perfeccionista, não gosta que interfiram em seus planos. Parece solitário porque busca o isolamento, mas sente enorme necessidade de estar rodeado de amigos e parentes. Busca analisar tudo de maneira lógica e racional.

NOME DE VIDA 17

Tem espírito de detetive e habilidade para resolver qualquer problema. Seu grande poder de concentração ajuda-o a enfrentar as situações mais difíceis. Procura ter um conhecimento mais profundo e mais espiritual da vida. É firme em suas decisões e idéias. É líder e sabe dar ordens.

NOME DE VIDA 18

Muito idealista, pode ter dificuldades para enfrentar obstáculos. Por outro lado, sabe resolver os problemas alheios, dando conselhos valiosos. Tem grande intuição e é bastante sensível. Seu excesso de dramaticidade pode prejudicar a maneira de enfrentar a vida. É intelectual e tem dotes artísticos.

NOME DE VIDA 19

Sabe dirigir grandes projetos. É muito independente e por isso não gosta de ter seu espaço invadido, não dando muita abertura à opinião dos outros. Pode ter atitudes inesperadas, extremadas e sem lógica. Não aprecia o que é convencional. Sente necessidade de se afirmar, mostrar o seu valor e a sua capacidade.

NOME DE VIDA 20

Possui um espírito muito conciliador e sua habilidade mediadora permite que estabeleça uma situação de harmonia entre as pessoas. Procura agradar aos outros e sabe negociar. Gosta de cooperar e de se doar por uma causa, uma relação ou mesmo para superar um conflito. É receptivo e sabe delegar. Acredita no dar e receber.

NOME DE VIDA 21

Muito comunicativo e criativo, está sempre pensando em novas alternativas e possibilidades. Sociável e impaciente, preocupa-se em não magoar os outros. Tem uma enorme capacidade de influenciar o ambiente em que está. Possui um humor repleto de altos e baixos. Tem dificuldade em se concentrar em um pensamento ou atividade, dispersando-se com freqüência.

NOME DE VIDA 22

Gosta de grandes desafios. Tem originalidade para resolver problemas, chegando a soluções práticas. Suas opiniões são firmes e tendem a controlar as atitudes e desejos dos outros. Muito sério, relaciona-se com dificuldade, fechando-se a contatos mais íntimos. Rígido, idealista e autocrítico, debate-se freqüentemente entre razão e emoção.

NOME DE VIDA 23

Aprende com facilidade e pensa rápido. Ambicioso, tem muitas idéias e precisa ser constantemente desafiado, aplicando aquilo que criou ao dia-a-dia. Generoso e amigável, relaciona-se sem problemas e pode exercer papel de mediador quando surge algum conflito. É inquieto e gosta de novidades.

NOME DE VIDA 24

Atrai relacionamentos com facilidade, pois é muito atencioso e gentil. Seu jeito responsável e metódico dá segurança a quem o procura. Gosta tanto de agradar e de se envolver nos problemas dos outros que acaba se decepcionando. Aprecia as artes e a beleza, assim como atividades em equipe.

NOME DE VIDA 25

Bastante observador e atento a detalhes, pode ter deduções e chegar a conclusões muito refinadas. Muito exigente consigo mesmo, não gosta de demonstrar sua fragilidade. Prefere pensar muito antes de tomar decisões. Tem grande intuição e prefere agir com a mente e não com a emoção.

NOME DE VIDA 26

Possui energia de comando e poder, orientada para ajudar as outras pessoas. Prefere ter o controle das situações. Precisa ver o resultado de seus esforços, sua obra e o fruto de seu planejamento mental. Valoriza demasiadamente a opinião dos outros, pois se relaciona com base na emoção.

NOME DE VIDA 27

Intuitivo e analítico, vive um conflito entre seu lado racional e sua imaginação. Líder vigoroso, encara a vida com idéias criativas e originais. Prefere agir sozinho, pois tem dificuldade em compartilhar seus sentimentos mais profundos. É impulsivo e precisa aprender a ter paciência e disciplina. Possui uma atitude generosa e solidária, pois gosta de se sentir útil.

NOME DE VIDA 28

Com sua energia de liderança, tem coragem para atingir seus objetivos. Dotada de grande imaginação, dá forma concreta às suas criações mentais. Possui senso artístico, além de notável intuição e excelente capacidade dedutiva. Devido à sua grande tensão interna, poderá ter dificuldades em demonstrar e lidar com suas emoções.

NOME DE VIDA 29

Exigente e perfeccionista, consegue direcionar sua intensa energia para alcançar seus objetivos. Suas expectativas são altas e não admite falhas. Tem enorme criatividade e inclinação para as artes. Sente uma grande necessidade de se destacar e é competitivo. Gosta de ensinar. Idealista, costuma envolver-se em sonhos e fantasias. É ansioso e tem dificuldade em valorizar a opinião das outras pessoas.

NOME DE VIDA 30

Expressa alegria e otimismo, contagiando aqueles que o rodeiam. Tem espírito solidário e gosta de ajudar e cuidar. Aprecia a beleza e as coisas mais simples da vida. É dotado de uma grande necessidade de se sentir útil e querido. Busca a segurança nas relações, embora aprecie a liberdade. Tem um senso artístico apurado e é vaidoso.

NOME DE VIDA 31

É um lutador incansável. Prefere mandar a ser mandado. É independente e competitivo e envolve-se com projetos nos quais possa usar a sua imaginação fértil. Imediatista, é agitado e ansioso. Não sabe esperar e, como prefere o movimento, muitas vezes é impulsivo. Aprecia as artes, é comunicativo e receptivo. Tem para si grandes expectativas e sente-se contrariado se não as concretiza.

NOME DE VIDA 32

Comunica-se com facilidade e convence as pessoas com suas idéias originais. Gosta de fazer e cultivar muitas amizades. Aprecia viagens, precisa sentir-se livre e sempre em movimento. Gosta de mudar e conhecer novos ambientes. Atua com criatividade. Charmoso, tem facilidade para assumir a liderança nas mais variadas situações.

NOME DE VIDA 33

Dotado de muita coragem, aprecia ajudar os amigos nas situações mais embaraçosas. Sentimental e preocupado com os problemas dos outros, emociona-se com facilidade. Tende a aceitar uma situação difícil para não desestabilizar a harmonia do lar, do trabalho ou de suas amizades.

NOME DE VIDA 34

Interessado em aprender, está sempre em busca de estímulos diferentes que o façam refletir. Não gosta de limitações e é independente. Possui espírito aventureiro e gosta de experimentar, porém organiza tudo o que está em sua mente. É uma pessoa mais introspectiva e reservada, mas quando se sente dona da situação expressa-se com facilidade. É dotado de grande intuição, o que a ajuda a tomar decisões.

NOME DE VIDA 35

Gosta de se envolver em projetos diferenciados nos quais possa exercer a liderança. É bastante prático, o que o torna uma pessoa ágil. Chega a conclusões rapidamente. Busca a estabilidade e a segurança, não se arriscando sem ter conhecimento das possibilidades reais. Gosta de ter liberdade de ação. Impaciente, tem pavio curto. É exigente e controlador.

NOME DE VIDA 36

Gosta do contato com os outros, pois quer ser a fonte inspiradora. Aprecia aconselhar e prestar serviços. Tem propensão a liderar grandes projetos, mas pode ter dificuldade em organizá-los. É necessário conhecer os limites para não exagerar no cuidado com os outros. É comunicativo e criativo. Pode ter comportamentos extremados como a alegria e a falta de ânimo.

NOME DE VIDA 37

É pioneiro, gosta de ser desafiado e também estimula as outras pessoas com sua energia. Tem prazer em se relacionar, é simpático, amável e expansivo. Preocupado com o futuro, quer logo chegar a conclusões. Possui grande agilidade mental, tem conversa agradável e é fértil em idéias.

NOME DE VIDA 38

Idealista, quer fazer mudanças em tudo. Tem necessidade de se envolver com outras pessoas e ser responsável por elas. Influencia com suas opiniões e maneira de ser. É generoso e possui uma preocupação que vai além do mundo material. Tem grandes oscilações de humor. Ansioso, não goza de muita paciência para aguardar os resultados de seus projetos e atitudes.

NOME DE VIDA 39

Envolve-se com a comunidade, preocupando-se em trazer alegria às outras pessoas. É intenso, apaixonado, possessivo e ciumento. Dá soluções criativas e decisivas para superar situações críticas e aparentemente impossíveis. Quer ensinar e tem um espírito empreendedor. Porém pode perder rapidamente o interesse e abandonar projetos sem concluí-los. Pode ser muito rígido consigo mesmo. Muitas vezes é impaciente, agindo de forma brusca e ríspida.

NOME DE VIDA 40

É metódico e muito detalhista. Gosta da lógica e da ordem. Muito exigente, adora pesquisar, procurando fundamentar solidamente seus planos e idéias. Busca respostas profundas e sabe o que quer. Auxilia os outros com seu conhecimento. No entanto, pode ser muito fechado em sua maneira de ser e muito rígido nas suas crenças.

NOME DE VIDA 41

É extremamente criativo e consegue transformar as idéias, geralmente ousadas e futuristas, em realidade. Gosta de resultados práticos, não tem medo de mudanças, porém quer manter o controle da situação. Versátil, entusiasma-se com facilidade e tem coragem diante das adversidades.

NOME DE VIDA 42

Tem um jeito afetuoso e gosta de cooperar. Demora a tomar decisões, dependendo do apoio dos outros. Prefere estar sempre rodeado de amigos e da família. Bastante compreensivo, pondera todos os pontos de vista. Pode ser muito vulnerável às emoções, já que é bastante sensível. Valoriza as artes e a harmonia.

NOME DE VIDA 43

Introspectivo e reservado, é dotado de uma forte individualidade. Independente, possui uma abordagem prática frente à vida. É produtivo e gosta de analisar tudo, muitas vezes de forma exagerada. Com isso, pode levar tempo para tomar uma decisão.

NOME DE VIDA 44

Quer ter o domínio de tudo e não aceita falhas. É capaz de se envolver inteiramente em trabalhos que propiciem algum benefício aos outros. Muito seguro, organizado e disciplinado, sabe perseverar nos seus objetivos. Gosta de se envolver em atividades que o façam sentir-se útil, com resultados concretos. É exigente e sabe enfrentar as adversidades. É reservado, não se expõe e não fala muito de si.

NOME DE VIDA 45

Possui uma sensibilidade muito desenvolvida. Porém pode ter dificuldades e, com medo de lidar com o desconhecido e enfrentar riscos, acaba apegando-se ao passado. Gosta de ensinar os outros e preocupa-se com seus problemas. Precisa aprender a usar a razão, buscando assim o equilíbrio.

NOME DE VIDA 46

Tem atitude de administrador, além de líder. Sua tendência é resolver os problemas de todos com interferência franca e dominadora. É dinâmico e rápido para tomar decisões. É dedicado aos outros e confia neles. Prefere ser desafiado e por isso quer experimentar e mudar. Porém pode ter resistência ao tentar o novo. Tem atitude impositiva e pode ser controlador.

NOME DE VIDA 47

Tem grande magnetismo, atraindo todos. É idealista e busca a harmonia, conciliando fatos e pessoas. Sua abordagem nem sempre é muito prática, pois acha que as soluções são mágicas e fantasiosas. Gosta de ensinar e de influenciar os outros. Muito instável, tem dificuldade em equilibrar suas emoções com o seu lado racional.

NOME DE VIDA 48

Comunicativo, age de forma conservadora. É mais ligado a normas, regras e convenções. É disciplinado e muito exigente. Por isso tende a ficar insatisfeito com suas realizações. Romântico, aprecia tudo o que se relaciona com as artes. Como é muito criativo, todas as situações estimulam a sua imaginação.

NOME DE VIDA 49

É extremamente justo e formal. Necessita de segurança e por isso evita mudar o estilo de vida. Possui um grande controle emocional e desconfia de tudo e de todos. Gosta de adquirir bens materiais. Gentil e diplomático, dá força às outras pessoas. Tem pensamento lógico e concreto, mas precisa aprender a se organizar.

NOME DE VIDA 50

Valoriza as relações afetivas e a amizade. Gosta de conversar e emociona-se com facilidade. Busca o movimento e as mudanças constantes, desde que não afetem os laços estabelecidos com as pessoas, assim como o espaço conquistado. É muito criativo e possui capacidade de liderança.

NOME DE VIDA 51

Simpático e rico em idéias, é dotado de um grande poder de liderança. Independente e alerta, repara em tudo. Muito desconfiado, prefere controlar a ser controlado. Deseja que tudo seja perfeito. Falta-lhe agir com mais humildade, assim como aprender a lidar com as críticas.

NOME DE VIDA 52

É uma pessoa criativa e versátil. Tem um pensamento muito ágil, analisando os fatos e chegando a conclusões com rapidez. Porém pode demorar a tomar uma decisão ou posição quando há envolvimento emocional. Gosta e tem facilidade de aprender, pois é dotado de muita intuição e de um grande poder de análise. Pode aparentar frieza, no entanto é muito sensível.

NOME DE VIDA 53

Gosta de ser a autoridade. Muito rígido, é dotado de atitude bastante racional. Prefere estar na liderança, porém seu jeito de ser exigente pode prejudicar suas atividades e seus relacionamentos. Tem sempre uma solução para os problemas mais difíceis. É desconfiado e possessivo. Sabe organizar e é eficiente.

NOME DE VIDA 54

Impaciente, procura encontrar soluções de forma rápida. Possui uma mente criativa e sempre surge com novas idéias. Tem uma atitude racional e prática frente às situações. É comunicativo e espirituoso e, com isso, consegue convencer as pessoas com facilidade.

NOME DE VIDA 55

Observador, gosta também de pesquisar e aprofundar-se em cada questão. Tem um excelente talento para a comunicação. É intenso em suas reações e atitudes, acreditando piamente na justiça e na ordem. Procura sempre modificar as situações vigentes. É dotado de um espírito altamente independente e, ao tomar uma decisão, é quase impossível detê-lo ou fazer com que mude de opinião.

NOME DE VIDA 56

Tem uma atitude filosófica e procura levar algum tipo de ensinamento às pessoas. É amigo leal e honesto. Sonhador e idealista, está sempre pensando em um lado que não é o lógico nem o racional. É talentoso, criativo e deseja a liderança.

NOME DE VIDA 57

Como não teme os desafios, é bastante receptivo a mudanças e a novidades. É um tanto impulsivo e vive o "aqui e agora", com objetivos a curto prazo. Possui um humor oscilante e freqüentemente tem conflitos entre seu lado emocional e seu lado racional. É muito criativo e gosta de movimento. É inquieto e, com isso, pode passar dos limites. É comunicativo e gosta de se expressar.

NOME DE VIDA 58

Acredita na ordem e não gosta de errar, porém tem grande poder de recuperação quando não atinge seus propósitos. É introspectivo e controlado. Minucioso, possui grande capacidade de análise, não deixando escapar nada. Tem criatividade para resolver problemas e desafios, apegando-se pouco à forma.

NOME DE VIDA 59

Como é movido pela curiosidade, tem comportamento ousado e bastante aventureiro. Sua mente é rápida, ágil e investigativa. É dotado de soluções originais para as dificuldades. Porém deve controlar a impaciência, a inquietação e a inconstância. Sua intensa energia mobiliza-o para o risco em atividades variadas.

NOME DE VIDA 60

Exerce o papel de liderança em uma equipe. É muito solicitado para ajudar e aconselhar os outros, pois goza de muito bom senso. Seus atos têm como base um profundo valor de justiça. Busca a harmonia e o equilíbrio em tudo, principalmente nos relacionamentos e em seu ambiente. Aprecia a arte e a beleza.

NOME DE VIDA 61

Tem um jeito tranqüilo de ser, encarando todos os desafios como uma maneira de buscar a harmonia. É intelectual e gosta de aprender. Pode perder muito tempo quando fica obcecado pela perfeição. Porém essa é a maneira como age: com muita cautela, segurança, controle e forte intuição.

NOME DE VIDA 62

Aparenta ser rígido, mas é uma pessoa sensível. Tem grande habilidade para lidar com detalhes. Por isso é mais lento ao resolver problemas. Possui um excelente senso de organização. Pode ajudar os outros com sua força e seu trabalho. No entanto incomoda-se e preocupa-se em demasia com as críticas.

NOME DE VIDA 63

É extremamente sensível. Solidário, preocupa-se demais com os problemas dos outros, a ponto de se deixar influenciar. Vê a vida com idealismo e gosta de aprender sobre todos os assuntos. Tem grande poder de compreensão e aceitação. Deve aprender a administrar melhor seu tempo.

NOME DE VIDA 64

Tem energia de liderança, que conquista através de sua personalidade magnética. Sabe trabalhar em equipe e pode até necessitar muito do apoio e opinião das outras pessoas. Valoriza o contato pessoal. Gosta de ter sempre novos objetivos e possui uma maneira diferente de abordar um assunto. Precisa desenvolver a determinação para não se desmotivar facilmente.

NOME DE VIDA 65

Tem características de liderança. Embora seja idealista, consegue avaliar situações de uma maneira prática. Gosta de aprender e ensinar as pessoas. Tem sempre uma idéia inovadora e, como é organizado, obtém resultados construtivos. Muito prático, relaciona-se com facilidade com as pessoas, conquistando logo o seu espaço.

NOME DE VIDA 66

Gosta de fazer o bem aos outros. Como é muito sensível, necessita praticar o autocontrole usando a razão em vez da emoção. Pode sentir mais dificuldade para focar e organizar suas idéias, pois tem em mente muitos projetos ao mesmo tempo. Gosta de estar em meio a pessoas e ser popular. Comunica-se com facilidade. Muito otimista, pode até ser exagerado e infantil na maneira de encarar a vida.

NOME DE VIDA 67

Aceita responsabilidades e cuida dos outros. Deseja ser produtivo, tendo em vista o bem da comunidade. É muito rígido em seus conceitos e padrões de vida, pois valoriza a tradição e a ordem. Muitas vezes oferece resistência ao progresso e a novas idéias. É metódico e muito cauteloso.

NOME DE VIDA 68

Vive ansioso para conquistar o seu espaço. Ambicioso, não aceita falhas nem fracassos. Cuidadoso ao tomar decisões, prefere agir mediante um sério planejamento a ter atitudes impulsivas. Curioso, possui uma mente inventiva e original. É impaciente e pode ter dificuldade em ouvir os outros.

NOME DE VIDA 69

Preocupa-se em obter segurança material, além de harmonia com os amigos e a família. Precisa sentir-se amado e protegido. Muito dedicado, pode ser possessivo. Considera-se responsável por resolver os problemas das outras pessoas. Tem qualidades artísticas e é muito criativo. Valoriza a beleza, o equilíbrio e a estética. Deseja amor e segurança.

NOME DE VIDA 70

É aberto às opiniões dos outros, embora goste de seguir sua intuição. Exibe uma elegância natural e, devido ao seu jeito altivo, acaba afastando as pessoas. É introvertido e não se expõe até conhecer profundamente o ambiente que freqüenta ou em que trabalha.

NOME DE VIDA 71

É muito determinado e persistente em tudo o que faz. Sua eficiência é visível na maneira habilidosa de lidar com qualquer situação. Faz uso de sua intuição, pois é sensível aos sinais da vida. Busca a segurança e a estabilidade. Sabe organizar e administrar, procurando sempre soluções práticas.

NOME DE VIDA 72

Tem uma maneira imediatista de enfrentar as situações. Muito ansioso, possui uma abordagem mais racional e uma preocupação com a estabilidade material. Aparenta segurança, mas tem receio do desconhecido. É solidário e preocupa-se com as dificuldades e problemas das outras pessoas.

NOME DE VIDA 73

Usa a sua liderança para passar valores de vida, com cunhos filosóficos. Paciente e afetuoso, busca a harmonia. Tem sempre uma idéia nova e diferente. Gosta de dirigir as situações e sabe enfrentar novos desafios. Possui grande força de vontade e sabe assumir a direção de negócios, pois é dotado de talento e intuição para analisar e estabelecer estratégias.

NOME DE VIDA 74

Demonstra grande confiança em si mesmo. Trabalha muito bem em equipe. É muito exigente e está sempre em busca de melhores resultados. Possui facilidade em lidar com conflitos, pois interage bem com divergência de opiniões. É líder. Sabe que pode usar a sua intuição para direcionar suas atitudes.

NOME DE VIDA 75

Comunicativo, aprecia os contatos sociais. Gosta de se envolver em atividades e experiências diferentes. Como não é muito prático, demora mais para organizar suas idéias. Deve aprender a controlar os impulsos e ser mais perseverante. Pode faltar disposição e iniciativa.

NOME DE VIDA 76

Prefere agir de maneira independente, buscando o progresso de forma ordeira, de acordo com seu planejamento pessoal. Avalia tudo através do raciocínio lógico e da sua forte intuição. É talentoso, porém muito exigente quanto aos resultados alcançados.

NOME DE VIDA 77

Busca a perfeição e por isso é exigente. Atrai as pessoas e as compreende. Sua vivacidade e dinamismo são transformadores constantes. É rápido para chegar a conclusões, usando sua intuição. Muito habilidoso para tratar de qualquer problema, tem grande capacidade analítica. Busca aventuras e sabe aproveitar oportunidades.

NOME DE VIDA 78

Persistente em tudo o que se propõe a fazer, pode ter resistência em mudar de opinião. Dedicado à família e aos amigos, é exigente consigo e com os outros. É muito responsável. Conservador, aprecia as tradições. Valoriza o sucesso material, ama as artes e a harmonia.

NOME	ORIGEM	ENERGIA	SIGNIFICADO NA NUMEROLOGIA
ABIGAIL	Hebraica – a alegria do pai	32	Comunica-se com facilidade e convence as pessoas com suas idéias originais. Gosta de fazer e cultivar muitas amizades. Aprecia viagens, precisa sentir-se livre e sempre em movimento. Gosta de mudar e conhecer novos ambientes. Atua com criatividade. Charmosa, tem facilidade para assumir a liderança nas mais variadas situações.
ABRIL	Latina – início de um bom tempo	24	Atrai relacionamentos com facilidade, pois é muito atenciosa e gentil. Seu jeito responsável e metódico dá segurança a quem a procura. Gosta tanto de agradar e de se envolver nos problemas dos outros que acaba se decepcionando. Aprecia as artes e a beleza. Aprecia atividades em equipe.
ADA	Hebraica – aquela que transmite alegria	6	Para viver bem, precisa sentir-se parte de um grupo de amigos, de trabalho, comunitário ou familiar. Melhor ainda se estiver em todos. Supre as necessidades dos outros. É amável e sabe ouvir. Deve tomar cuidado para não ser influenciada pelas outras pessoas, pois sua tendência é dedicar-se demasiadamente a elas. Possui um bom talento artístico.
ADELAIDE	Germânica – princesa nobre	32	Comunica-se com facilidade e convence as pessoas com suas idéias originais. Gosta de fazer e cultivar muitas amizades. Aprecia viagens, precisa sentir-se livre e sempre em movimento. Gosta de mudar e conhecer novos ambientes. Atua com criatividade. Charmosa, tem facilidade para assumir a liderança nas mais variadas situações.
ADRIANA	Latina – a mulher do mar. Ádria, cidade da Itália, deu nome ao mar Adriático	30	Expressa alegria e otimismo, contagiando aqueles que a rodeiam. Tem espírito solidário e gosta de ajudar e cuidar. Aprecia a beleza e as coisas mais simples da vida. É dotada de uma grande necessidade de se sentir útil e querida. Busca a segurança nas relações, embora aprecie a liberdade. Tem um senso artístico apurado e é vaidosa.
ÁGATA	Grega – mulher sublime, virtuosa	12	Simpática e amável, sabe convencer seus pares. Porém, quando é muito franca no que fala e opina, acaba afugentando as pessoas. Alegre e cheia de vida, gosta de estar rodeada de amigos. Faz de tudo para ser valorizada e reconhecida. Simples e prática, é uma pessoa de ação. Movida pelo entusiasmo, aprecia situações em que seja intelectualmente desafiada.
ALEXANDRA	Grega – defensora dos homens	35	Gosta de se envolver em projetos diferenciados nos quais possa exercer a liderança. É bastante prática, o que a torna uma pessoa ágil. Chega a conclusões rapidamente. Busca a estabilidade e a segurança, não se arriscando sem ter conhecimento das possibilidades reais. Gosta de ter liberdade de ação. Impaciente, tem pavio curto. É exigente e controladora.
ALICE	Grega – aquela que defende e protege os homens	21	Muito comunicativa e criativa, está sempre pensando em novas alternativas e possibilidades. Sociável e impaciente, preocupa-se em não magoar os outros. Tem uma enorme capacidade de influenciar o ambiente em que está. Possui um humor repleto de altos e baixos. Tem dificuldade em se concentrar em um pensamento ou atividade, dispersando-se com freqüência.

NOME	ORIGEM	ENERGIA	SIGNIFICADO NA NUMEROLOGIA
ALINE	Francesa – vem de Adelina, oculta, escura	23	Aprende com facilidade e pensa rápido. Ambiciosa, tem muitas idéias e precisa ser constantemente desafiada, aplicando aquilo que criou ao dia-a-dia. Generosa e amigável, relaciona-se sem problemas e pode exercer papel de mediadora quando surge algum conflito. É inquieta e gosta de novidades.
AMABEL	Latina – amorosa, afetuosa	16	É uma amiga leal, bastante intuitiva e criativa. Líder por natureza, tem magnetismo e atrai as pessoas. Perfeccionista, não gosta que interfiram em seus planos. Parece solitária porque busca o isolamento, mas sente enorme necessidade de estar rodeada de amigos e parentes. Busca analisar tudo de maneira lógica e racional.
AMÁLIA	Germânica – aquela que não se preocupa demais	19	Sabe dirigir grandes projetos. É muito independente e por isso não gosta de ter seu espaço invadido, não dando muita abertura à opinião dos outros. Pode ter atitudes inesperadas, extremadas e sem lógica. Não aprecia o que é convencional. Sente necessidade de se afirmar, mostrar o seu valor e a sua capacidade.
AMANDA	Latina – aquela que é digna de ser amada	16	É uma amiga leal, bastante intuitiva e criativa. Líder por natureza, tem magnetismo e atrai as pessoas. Perfeccionista, não gosta que interfiram em seus planos. Parece solitária porque busca o isolamento, mas sente enorme necessidade de estar rodeada de amigos e parentes. Busca analisar tudo de maneira lógica e racional.
AMÉLIA	Germânica – pessoa dotada de grande energia	23	Aprende com facilidade e pensa rápido. Ambiciosa, tem muitas idéias e precisa ser constantemente desafiada, aplicando aquilo que criou ao dia-a-dia. Generosa e amigável, relaciona-se sem problemas e pode exercer papel de mediadora quando surge algum conflito. É inquieta e gosta de novidades.
AMPARO	Latina – mulher que dá proteção	28	Com sua energia de liderança, tem coragem para atingir seus objetivos. Dotada de grande imaginação, dá forma concreta às suas criações mentais. Tem senso artístico, além de notável intuição e excelente capacidade dedutiva. Devido à sua grande tensão interna, poderá ter dificuldades em demonstrar e lidar com suas emoções.
ANA	Hebraica – aquela que tem a graça de Deus	7	Tem grande intuição, o que a ajuda a sentir tudo de maneira muito especial. Sua percepção aguçada a ajuda a encontrar soluções. Reage frente a estímulos de maneira calma e discreta, sem se envolver. Precisa de um tempo para responder, para dar sua opinião e para se definir. Precisa analisar de maneira profunda, para então se sentir totalmente segura e tomar uma posição.
ANABELLA	Hebraica – composto de Ana + Bella. Mulher bela e que goza da graça divina	21	Muito comunicativa e criativa, está sempre pensando em novas alternativas e possibilidades. Sociável e impaciente, preocupa-se em não magoar os outros. Tem uma enorme capacidade de influenciar o ambiente em que está. Possui um humor repleto de altos e baixos. Tem dificuldade em se concentrar em um pensamento ou atividade, dispersando-se com freqüência.

NOME	ORIGEM	ENERGIA	SIGNIFICADO NA NUMEROLOGIA
ANAHI	Guarani – aquela que é bela como a flor do ceibo	24	Atrai relacionamentos com facilidade, pois é muito atenciosa e gentil. Seu jeito responsável e metódico dá segurança a quem a procura. Gosta tanto de agradar e de se envolver nos problemas dos outros que acaba se decepcionando. Aprecia as artes e a beleza. Aprecia atividades em equipe.
ANALISA	Hebraica – composto de Ana + Elisa	21	Muito comunicativa e criativa, está sempre pensando em novas alternativas e possibilidades. Sociável e impaciente, preocupa-se em não magoar os outros. Tem uma enorme capacidade de influenciar o ambiente em que está. Possui um humor repleto de altos e baixos. Tem dificuldade em se concentrar em um pensamento ou atividade, dispersando-se com freqüência.
ANASTÁCIA	Grega – aquela que foi ressuscitada	24	Atrai relacionamentos com facilidade, pois é muito atenciosa e gentil. Seu jeito responsável e metódico dá segurança a quem a procura. Gosta tanto de agradar e de se envolver nos problemas dos outros que acaba se decepcionando. Aprecia as artes e a beleza. Aprecia atividades em equipe.
ANDRÉIA	Grega – mulher valente	34	Interessada em aprender, está sempre em busca de estímulos diferentes que a façam refletir. Não gosta de limitações e é independente. Possui espírito aventureiro e gosta de experimentar, porém organiza tudo o que está em sua mente. É uma pessoa mais introspectiva e reservada, mas quando se sente dona da situação expressa-se com facilidade. É dotada de grande intuição, o que a ajuda a tomar decisões.
ÂNGELA	Grega – aquela que foi enviada por Deus	22	Gosta de grandes desafios. Tem originalidade para resolver problemas, chegando a soluções práticas. Suas opiniões são firmes e tendem a controlar as atitudes e desejos dos outros. Muito séria, relaciona-se com dificuldade, fechando-se a contatos mais íntimos. Rígida, idealista e autocrítica, debate-se freqüentemente entre razão e emoção.
ANGÉLICA	Grega – variação de Ângela	34	Interessada em aprender, está sempre em busca de estímulos diferentes que a façam refletir. Não gosta de limitações e é independente. Possui espírito aventureiro e gosta de experimentar, porém organiza tudo o que está em sua mente. É uma pessoa mais introspectiva e reservada, mas quando se sente dona da situação expressa-se com facilidade. É dotada de grande intuição, o que a ajuda a tomar decisões.
ANGELINA	Grega – variação de Ângela	36	Gosta do contato com os outros, pois quer ser a fonte inspiradora. Aprecia aconselhar e prestar serviços. Tem propensão a liderar grandes projetos, mas pode ter dificuldade em organizá-los. É necessário conhecer os limites para não exagerar no cuidado com os outros. É comunicativa e criativa. Pode ter comportamentos extremados como a alegria e a falta de ânimo.
ANITA	Hebraica – diminutivo de Ana, cheia de graça	18	Muito idealista, pode ter dificuldades para enfrentar obstáculos. Por outro lado, sabe resolver os problemas alheios, dando conselhos valiosos. Tem grande intuição e é bastante sensível. Seu excesso de dramaticidade pode prejudicar a maneira de enfrentar a vida. É intelectual e tem dotes artísticos.

NOME	ORIGEM	ENERGIA	SIGNIFICADO NA NUMEROLOGIA
ANTÔNIA	Grega – aquela que é bela como uma flor	29	Exigente e perfeccionista, consegue direcionar sua intensa energia para alcançar seus objetivos. Suas expectativas são altas e não admite falhas. Tem enorme criatividade e inclinação para as artes. Sente uma grande necessidade de se destacar e é competitiva. Gosta de ensinar. Idealista, costuma envolver-se em sonhos e fantasias. É ansiosa e tem dificuldade em valorizar a opinião das outras pessoas.
ANTONIETA	Grega – variação de Antônia	36	Gosta do contato com os outros, pois quer ser a fonte inspiradora. Aprecia aconselhar e prestar serviços. Tem propensão a liderar grandes projetos, mas pode ter dificuldade em organizá-los. É necessário conhecer os limites para não exagerar no cuidado com os outros. É comunicativa e criativa. Pode ter comportamentos extremados como a alegria e a falta de ânimo.
APARECIDA	Brasileira – de Nossa Senhora Aparecida	40	É metódica e muito detalhista. Gosta da lógica e da ordem. Muito exigente, adora pesquisar, procurando fundamentar solidamente seus planos e idéias. Busca respostas profundas e sabe o que quer. Auxilia os outros com seu conhecimento. No entanto, pode ser muito fechada em sua maneira de ser e muito rígida nas suas crenças.
ASTRID	Celta – guerreira amazona	26	Possui energia de comando e poder, orientada para ajudar as outras pessoas. Prefere ter o controle das situações. Precisa ver o resultado de seus esforços, sua obra e o fruto de seu planejamento mental. Valoriza demasiadamente a opinião dos outros, pois se relaciona com base na emoção.
ASSUNÇÃO	Latina – elevação	21	Muito comunicativa e criativa, está sempre pensando em novas alternativas e possibilidades. Sociável e impaciente, preocupa-se em não magoar os outros. Tem uma enorme capacidade de influenciar o ambiente em que está. Possui um humor repleto de altos e baixos. Tem dificuldade em se concentrar em um pensamento ou atividade, dispersando-se com freqüência.
AURA	Latina – ouro	14	Dinamismo, determinação e forte intuição ajudam a estruturar as muitas idéias que vêm à sua mente. Adora novidades, tem enorme necessidade de experimentar o novo e aventurar-se. A versatilidade e a sensualidade são suas marcas registradas. Autoconfiante, gosta de se envolver em grandes empreendimentos.
ÁUREA	Latina – resplandecente como o ouro	19	Sabe dirigir grandes projetos. É muito independente e por isso não gosta de ter seu espaço invadido, não dando muita abertura à opinião dos outros. Pode ter atitudes inesperadas, extremadas e sem lógica. Não aprecia o que é convencional. Sente necessidade de se afirmar, mostrar o seu valor e a sua capacidade.
AURÉLIA	Latina – aquela que vale ouro	31	É uma lutadora incansável. Prefere mandar a ser mandada. É independente e competitiva e envolve-se com projetos nos quais possa usar a sua imaginação fértil. Imediatista, é agitada e ansiosa. Não sabe esperar e, como prefere o movimento, muitas vezes é impulsiva. Aprecia as artes, é comunicativa e receptiva. Tem para si grandes expectativas e sente-se contrariada se não as concretiza.

NOME	ORIGEM	ENERGIA	SIGNIFICADO NA NUMEROLOGIA
AURORA	Latina – o romper do dia, deusa da manhã	29	Exigente e perfeccionista, consegue direcionar sua intensa energia para alcançar seus objetivos. Suas expectativas são altas e não admite falhas. Tem enorme criatividade e inclinação para as artes. Sente uma grande necessidade de se destacar e é competitiva. Gosta de ensinar. Idealista, costuma envolver-se em sonhos e fantasias. É ansiosa e tem dificuldade em valorizar a opinião das outras pessoas.
AUXILIADORA	Latina/espanhola – proveniente da Virgem Maria	52	É uma pessoa criativa e versátil. Tem um pensamento muito ágil, analisando os fatos e chegando a conclusões com rapidez. Porém pode demorar a tomar uma decisão ou posição quando há envolvimento emocional. Gosta e tem facilidade de aprender, pois é dotada de muita intuição e de um grande poder de análise. Pode aparentar frieza, no entanto é muito sensível.
BÁRBARA	Greco-latina – estrangeira	25	Bastante observadora e atenta a detalhes, pode ter deduções e chegar a conclusões muito refinadas. Muito exigente consigo mesma, não gosta de demonstrar sua fragilidade. Prefere pensar muito antes de tomar decisões. Tem grande intuição e prefere agir com a mente e não com a emoção.
BEATRIZ	Latina – aquela que faz os outros felizes	36	Gosta do contato com os outros, pois quer ser a fonte inspiradora. Aprecia aconselhar e prestar serviços. Tem propensão a liderar grandes projetos, mas pode ter dificuldade em organizá-los. É necessário conhecer os limites para não exagerar no cuidado com os outros. É comunicativa e criativa. Pode ter comportamentos extremados como a alegria e a falta de ânimo.
BERENICE	Grega – aquela que conquista a vitória	43	Introspectiva e reservada, é dotada de uma forte individualidade. Independente, possui uma abordagem prática frente à vida. É produtiva e gosta de analisar tudo, muitas vezes de forma exagerada. Com isso, pode levar tempo para tomar uma decisão.
BERNADETE	Francesa – a jovem que teve visões da Virgem Maria na gruta de Lourdes	38	Idealista, quer fazer mudanças em tudo. Tem necessidade de se envolver com outras pessoas e ser responsável por elas. Influencia os outros com suas opiniões e maneira de ser. É generosa e possui uma preocupação que vai além do mundo material. Tem grandes oscilações de humor. Ansiosa, não goza de muita paciência para aguardar os resultados de seus projetos e atitudes.
BERNARDA	Germânica – aquela que tem a força de um urso	36	Gosta do contato com os outros, pois quer ser a fonte inspiradora. Aprecia aconselhar e prestar serviços. Tem propensão a liderar grandes projetos, mas pode ter dificuldade em organizá-los. É necessário conhecer os limites para não exagerar no cuidado com os outros. É comunicativa e criativa. Pode ter comportamentos extremados como a alegria e a falta de ânimo.
BERNARDINA	Germânica – Firme. Aquela que é resistente	50	Valoriza as relações afetivas e a amizade. Gosta de conversar e emociona-se com facilidade. Busca o movimento e as mudanças constantes, desde que não afetem os laços estabelecidos com as pessoas, assim como o espaço conquistado. É muito criativa e possui capacidade de liderança.

NOME	ORIGEM	ENERGIA	SIGNIFICADO NA NUMEROLOGIA
BIANCA	Latina/italiana – alva, clara	21	Muito comunicativa e criativa, está sempre pensando em novas alternativas e possibilidades. Sociável e impaciente, preocupa-se em não magoar os outros. Tem uma enorme capacidade de influenciar o ambiente em que está. Possui um humor repleto de altos e baixos. Tem dificuldade em se concentrar em um pensamento ou atividade, dispersando-se com freqüência.
BRENDA	Germânica – espada	26	Possui energia de comando e poder, orientada para ajudar as outras pessoas. Prefere ter o controle das situações. Precisa ver o resultado de seus esforços, sua obra e o fruto de seu planejamento mental. Valoriza demasiadamente a opinião dos outros, pois se relaciona com base na emoção.
BRÍGIDA	Francesa – grande deusa	41	É extremamente criativa e consegue transformar as idéias, geralmente ousadas e futuristas, em realidade. Gosta de resultados práticos, não tem medo de mudanças, porém quer manter o controle da situação. Versátil, entusiasma-se com facilidade e tem coragem diante das adversidades.
BRUNA	Latina/italiana – escura, parda, morena	20	Possui um espírito muito conciliador e sua habilidade de mediadora permite que estabeleça uma situação de harmonia entre as pessoas. Procura agradar aos outros e sabe negociar. Gosta de cooperar e de se doar por uma causa, uma relação ou mesmo para superar um conflito. É receptiva e sabe delegar. Acredita no dar e receber.
CAMILA	Latina – jovem criada, atendente de cerimonial	21	Muito comunicativa e criativa, está sempre pensando em novas alternativas e possibilidades. Sociável e impaciente, preocupa-se em não magoar os outros. Tem uma enorme capacidade de influenciar o ambiente em que está. Possui um humor repleto de altos e baixos. Tem dificuldade em se concentrar em um pensamento ou atividade, dispersando-se com freqüência.
CARINA	Latina – querida, muito amada	28	Com sua energia de liderança, tem coragem para atingir seus objetivos. Dotada de grande imaginação, dá forma concreta às suas criações mentais. Tem senso artístico, além de notável intuição e excelente capacidade dedutiva. Devido à sua grande tensão interna, poderá ter dificuldades em demonstrar e lidar com suas emoções.
CARLA	Germânica – mulher forte, resistente	17	Tem espírito de detetive e habilidade para resolver qualquer problema. Seu grande poder de concentração ajuda-a a enfrentar as situações mais difíceis. Procura ter um conhecimento mais profundo e mais espiritual da vida. É firme em suas decisões e idéias. É líder e sabe dar ordens.
CARMELA	Hebraica – jardim divino	26	Possui energia de comando e poder, orientada para ajudar as outras pessoas. Prefere ter o controle das situações. Precisa ver o resultado de seus esforços, sua obra e o fruto de seu planejamento mental. Valoriza demasiadamente a opinião dos outros, pois se relaciona com base na emoção.

NOME	ORIGEM	ENERGIA	SIGNIFICADO NA NUMEROLOGIA
CARMEN	Latina – poema. Popularizou-se pela ópera de George Bizet	27	Intuitiva e analítica, vive um conflito entre seu lado racional e sua imaginação. Líder vigorosa, encara a vida com idéias criativas e originais. Prefere agir sozinha, pois tem dificuldade em compartilhar seus sentimentos mais profundos. É impulsiva e precisa aprender a ter paciência e disciplina. Possui uma atitude generosa e solidária. Gosta de se sentir útil.
CAROLA	Latina – mulher muito feminina	23	Aprende com facilidade e pensa rápido. Ambiciosa, tem muitas idéias e precisa ser constantemente desafiada, aplicando aquilo que criou ao dia-a-dia. Generosa e amigável, relaciona-se sem problemas e pode exercer papel de mediadora quando surge algum conflito. É inquieta e gosta de novidades.
CAROLINA	Germânica – diminutivo de Carla	37	É pioneira, gosta de ser desafiada e também estimula as outras pessoas com sua energia. Tem prazer em se relacionar, é simpática, amável e expansiva. Preocupada com o futuro, quer logo chegar a conclusões. Possui grande agilidade mental, tem conversa agradável e é fértil em idéias.
CASSILDA	Árabe – a virgem que carrega a lança	23	Aprende com facilidade e pensa rápido. Ambiciosa, tem muitas idéias e precisa ser constantemente desafiada, aplicando aquilo que criou ao dia-a-dia. Generosa e amigável, relaciona-se sem problemas e pode exercer papel de mediadora quando surge algum conflito. É inquieta e gosta de novidades.
CASIMIRA	Eslava – aquela que defende a paz	37	É pioneira, gosta de ser desafiada e também estimula as outras pessoas com sua energia. Tem prazer em se relacionar, é simpática, amável e expansiva. Preocupada com o futuro, quer logo chegar a conclusões. Possui grande agilidade mental, tem conversa agradável e é fértil em idéias.
CATARINA	Grega – pura	31	É uma lutadora incansável. Prefere mandar a ser mandada. É independente e competitiva e envolve-se com projetos nos quais possa usar a sua imaginação fértil. Imediatista, é agitada e ansiosa. Não sabe esperar e, como prefere o movimento, muitas vezes é impulsiva. Aprecia as artes, é comunicativa e receptiva. Tem para si grandes expectativas e sente-se contrariada se não as concretiza.
CECÍLIA	Latina – justa	33	Dotada de muita coragem, aprecia ajudar os amigos nas situações mais embaraçosas. Sentimental e preocupada com os problemas dos outros, emociona-se com facilidade. Tende a aceitar uma situação difícil para não desestabilizar a harmonia do lar, do trabalho ou de suas amizades.
CELESTE	Latina – celestial	24	Atrai relacionamentos com facilidade, pois é muito atenciosa e gentil. Seu jeito responsável e metódico dá segurança a quem a procura. Gosta tanto de agradar e de se envolver nos problemas dos outros que acaba se decepcionando. Aprecia as artes e a beleza. Aprecia atividades em equipe.

NOME	ORIGEM	ENERGIA	SIGNIFICADO NA NUMEROLOGIA
CÉLIA	Latina – aquela que veio do céu	21	Muito comunicativa e criativa, está sempre pensando em novas alternativas e possibilidades. Sociável e impaciente, preocupa-se em não magoar os outros. Tem uma enorme capacidade de influenciar o ambiente em que está. Possui um humor repleto de altos e baixos. Tem dificuldade em se concentrar em um pensamento ou atividade, dispersando-se com freqüência.
CELINA	Latina – variação de Célia, descendente do céu	26	Possui energia de comando e poder, orientada para ajudar as outras pessoas. Prefere ter o controle das situações. Precisa ver o resultado de seus esforços, sua obra e o fruto de seu planejamento mental. Valoriza demasiadamente a opinião dos outros, pois se relaciona com base na emoção.
CELMIRA	Árabe – brilhante	34	Interessada em aprender, está sempre em busca de estímulos diferentes que a façam refletir. Não gosta de limitações e é independente. Possui espírito aventureiro e gosta de experimentar, porém organiza tudo o que está em sua mente. É uma pessoa mais introspectiva e reservada, mas quando se sente dona da situação expressa-se com facilidade. É dotada de grande intuição, o que a ajuda a tomar decisões.
CHARLOTTE	Francesa – variação de Carlota, Carla. Forte	39	Envolve-se com a comunidade, preocupando-se em trazer alegria às outras pessoas. É intensa, apaixonada, possessiva e ciumenta. Dá soluções criativas e decisivas para superar situações críticas e aparentemente impossíveis. Quer ensinar e tem um espírito empreendedor. Porém pode perder rapidamente o interesse e abandonar projetos sem concluí-los. Pode ser muito rígida consigo mesma. Muitas vezes é impaciente, agindo de forma brusca e ríspida.
CINDY	Grega – aquela que vem da colina	28	Com sua energia de liderança, tem coragem para atingir seus objetivos. Dotada de grande imaginação, dá forma concreta às suas criações mentais. Tem senso artístico, além de notável intuição e excelente capacidade dedutiva. Devido à sua grande tensão interna, poderá ter dificuldades em demonstrar e lidar com suas emoções.
CINTHIA	Grega – variação de Cíntia	37	É pioneira, gosta de ser desafiada e também estimula as outras pessoas com sua energia. Tem prazer em se relacionar, é simpática, amável e expansiva. Preocupada com o futuro, quer logo chegar a conclusões. Possui grande agilidade mental, tem conversa agradável e é fértil em idéias.
CÍNTIA	Grega – aquela que veio a pé da colina	29	Exigente e perfeccionista, consegue direcionar sua intensa energia para alcançar seus objetivos. Suas expectativas são altas e não admite falhas. Tem enorme criatividade e inclinação para as artes. Sente uma grande necessidade de se destacar e é competitiva. Gosta de ensinar. Idealista, costuma envolver-se em sonhos e fantasias. É ansiosa e tem dificuldade em valorizar a opinião das outras pessoas.
CLARA	Latina – brilhante, ilustre	17	Tem espírito de detetive e habilidade para resolver qualquer problema. Seu grande poder de concentração ajuda-a a enfrentar as situações mais difíceis. Procura ter um conhecimento mais profundo e mais espiritual da vida. É firme em suas decisões e idéias. É líder e sabe dar ordens.

NOME	ORIGEM	ENERGIA	SIGNIFICADO NA NUMEROLOGIA
CLARICE	Latina – vem de Clara, transparente	33	Dotada de muita coragem, aprecia ajudar os amigos nas situações mais embaraçosas. Sentimental e preocupada com os problemas dos outros, emociona-se com facilidade. Tende a aceitar uma situação difícil para não desestabilizar a harmonia do lar, do trabalho ou de suas amizades.
CLÁUDIA	Latina – mulher da tradicional família romana dos Cláudios	24	Atrai relacionamentos com facilidade, pois é muito atenciosa e gentil. Seu jeito responsável e metódico dá segurança a quem a procura. Gosta tanto de agradar e de se envolver nos problemas dos outros que acaba se decepcionando. Aprecia as artes e a beleza. Aprecia atividades em equipe.
CLÉA	Grega – aclamar	12	Simpática e amável, sabe convencer seus pares. Porém, quando é muito franca no que fala e opina, acaba afugentando as pessoas. Alegre e cheia de vida, gosta de estar rodeada de amigos. Faz de tudo para ser valorizada e reconhecida. Simples e prática, é uma pessoa de ação. Movida pelo entusiasmo, aprecia situações em que seja intelectualmente desafiada.
CLEIDE	Celta – princesa	29	Exigente e perfeccionista, consegue direcionar sua intensa energia para alcançar seus objetivos. Suas expectativas são altas e não admite falhas. Tem enorme criatividade e inclinação para as artes. Sente uma grande necessidade de se destacar e é competitiva. Gosta de ensinar. Idealista, costuma envolver-se em sonhos e fantasias. É ansiosa e tem dificuldade em valorizar a opinião das outras pessoas.
CLÉO	Grega – aclamar, festejar	17	Tem espírito de detetive e habilidade para resolver qualquer problema. Seu grande poder de concentração ajuda-a a enfrentar as situações mais difíceis. Procura ter um conhecimento mais profundo e mais espiritual da vida. É firme em suas decisões e idéias. É líder e sabe dar ordens.
CLEUSA	Grega – variação de Creusa, a rainha	16	É uma amiga leal, bastante intuitiva e criativa. Líder por natureza, tem magnetismo e atrai as pessoas. Perfeccionista, não gosta que interfiram em seus planos. Parece solitária porque busca o isolamento, mas sente enorme necessidade de estar rodeada de amigos e parentes. Busca analisar tudo de maneira lógica e racional.
CLOTILDE	Latina – variante latinizada de Clothilde, guerreira cheia de sabedoria, famosa	35	Gosta de se envolver em projetos diferenciados nos quais possa exercer a liderança. É bastante prática, o que a torna uma pessoa ágil. Chega a conclusões rapidamente. Busca a estabilidade e a segurança, não se arriscando sem ter conhecimento das possibilidades reais. Gosta de ter liberdade de ação. Impaciente, tem pavio curto. É exigente e controladora.
COLOMBA	Espanhol – pomba	25	Bastante observadora e atenta a detalhes, pode ter deduções e chegar a conclusões muito refinadas. Muito exigente consigo mesma, não gosta de demonstrar sua fragilidade. Prefere pensar muito antes de tomar decisões. Tem grande intuição e prefere agir com a mente e não com a emoção.

NOME	ORIGEM	ENERGIA	SIGNIFICADO NA NUMEROLOGIA
CONCEIÇÃO	De origem religiosa, normalmente se compõe com outro nome	41	É extremamente criativa e consegue transformar as idéias, geralmente ousadas e futuristas, em realidade. Gosta de resultados práticos, não tem medo de mudanças, porém quer manter o controle da situação. Versátil, entusiasma-se com facilidade e tem coragem diante das adversidades.
CONSTANÇA	Latina – mulher perseverante e de atitudes firmes	27	Intuitiva e analítica, vive um conflito entre seu lado racional e sua imaginação. Líder vigorosa, encara a vida com idéias criativas e originais. Prefere agir sozinha, pois tem dificuldade em compartilhar seus sentimentos mais profundos. É impulsiva e precisa aprender a ter paciência e disciplina. Possui uma atitude generosa e solidária. Gosta de se sentir útil.
CONSUELO	Latina/espanhola – aquela que consola	32	Comunica-se com facilidade e convence as pessoas com suas idéias originais. Gosta de fazer e cultivar muitas amizades. Aprecia viagens, precisa sentir-se livre e sempre em movimento. Gosta de mudar e conhecer novos ambientes. Atua com criatividade. Charmosa, tem facilidade para assumir a liderança nas mais variadas situações.
CORA	Latina – moça virgem	19	Sabe dirigir grandes projetos. É muito independente e por isso não gosta de ter seu espaço invadido, não dando muita abertura à opinião dos outros. Pode ter atitudes inesperadas, extremadas e sem lógica. Não aprecia o que é convencional. Sente necessidade de se afirmar, mostrar o seu valor e a sua capacidade.
CORINA	Latina – filha de Cora ou Corália	33	Dotada de muita coragem, aprecia ajudar os amigos nas situações mais embaraçosas. Sentimental e preocupada com os problemas dos outros, emociona-se com facilidade. Tende a aceitar uma situação difícil para não desestabilizar a harmonia do lar, do trabalho ou de suas amizades.
CRISTINA	Latina – aquela que tem o pensamento claro	39	Envolve-se com a comunidade, preocupando-se em trazer alegria às outras pessoas. É intensa, apaixonada, possessiva e ciumenta. Dá soluções criativas e decisivas para superar situações críticas e aparentemente impossíveis. Quer ensinar e tem um espírito empreendedor. Porém pode perder rapidamente o interesse e abandonar projetos sem concluí-los. Pode ser muito rígida consigo mesma. Muitas vezes é impaciente, agindo de forma brusca e ríspida.
DÁLIA	Latina – linda como a flor do mesmo nome	18	Muito idealista, pode ter dificuldades para enfrentar obstáculos. Por outro lado, sabe resolver os problemas alheios, dando conselhos valiosos. Tem grande intuição e é bastante sensível. Seu excesso de dramaticidade pode prejudicar a maneira de enfrentar a vida. É intelectual e tem dotes artísticos.
DANIELA	Hebraica – Deus é meu juiz	28	Com sua energia de liderança, tem coragem para atingir seus objetivos. Dotada de grande imaginação, dá forma concreta às suas criações mentais. Tem senso artístico, além de notável intuição e excelente capacidade dedutiva. Devido à sua grande tensão interna, poderá ter dificuldades em demonstrar e lidar com suas emoções.

NOME	ORIGEM	ENERGIA	SIGNIFICADO NA NUMEROLOGIA
DÉBORA	Hebraica – "espécie de abelha". Alimentou Rebeca com o seu leite	27	Intuitiva e analítica, vive um conflito entre seu lado racional e sua imaginação. Líder vigorosa, encara a vida com idéias criativas e originais. Prefere agir sozinha, pois tem dificuldade em compartilhar seus sentimentos mais profundos. É impulsiva e precisa aprender a ter paciência e disciplina. Possui uma atitude generosa e solidária. Gosta de se sentir útil.
DEISE	Inglesa – variação brasileira de Daisy, o olho do dia	24	Atrai relacionamentos com facilidade, pois é muito atenciosa e gentil. Seu jeito responsável e metódico dá segurança a quem a procura. Gosta tanto de agradar e de se envolver nos problemas dos outros que acaba se decepcionando. Aprecia as artes e a beleza. Aprecia atividades em equipe.
DÉLIA	Grega – pura	22	Gosta de grandes desafios. Tem originalidade para resolver problemas, chegando a soluções práticas. Suas opiniões são firmes e tendem a controlar as atitudes e desejos dos outros. Muito séria, relaciona-se com dificuldade, fechando-se a contatos mais íntimos. Rígida, idealista e autocrítica, debate-se freqüentemente entre razão e emoção.
DENISE	Grega – variação de Dionísia. Que se consagra a Deus nos momentos difíceis	29	Exigente e perfeccionista, consegue direcionar sua intensa energia para alcançar seus objetivos. Suas expectativas são altas e não admite falhas. Tem enorme criatividade e inclinação para as artes. Sente uma grande necessidade de se destacar e é competitiva. Gosta de ensinar. Idealista, costuma envolver-se em sonhos e fantasias. É ansiosa e tem dificuldade em valorizar a opinião das outras pessoas.
DIANA	Grega – divina personagem mitológica, é a deusa da caça	20	Possui um espírito muito conciliador e sua habilidade de mediadora permite que estabeleça uma situação de harmonia entre as pessoas. Procura agradar aos outros e sabe negociar. Gosta de cooperar e de se doar por uma causa, uma relação ou mesmo para superar um conflito. É receptiva e sabe delegar. Acredita no dar e receber.
DINA	Hebraica – aquela que foi julgada. Descendente de Jacó e Lia	19	Sabe dirigir grandes projetos. É muito independente e por isso não gosta de ter seu espaço invadido, não dando muita abertura à opinião dos outros. Pode ter atitudes inesperadas, extremadas e sem lógica. Não aprecia o que é convencional. Sente necessidade de se afirmar, mostrar o seu valor e a sua capacidade.
DINORAH	Aramaico – luz	42	Tem um jeito afetuoso e gosta de cooperar. Demora a tomar decisões, dependendo do apoio dos outros. Prefere estar sempre rodeada de amigos e da família. Bastante compreensiva, pondera todos os pontos de vista. Pode ser muito vulnerável às emoções, já que é bastante sensível. Valoriza as artes e a harmonia.
DIRCE	Grega – a fonte	30	Expressa alegria e otimismo, contagiando aqueles que a rodeiam. Tem espírito solidário e gosta de ajudar e cuidar. Aprecia a beleza e as coisas mais simples da vida. É dotada de uma grande necessidade de se sentir útil e querida. Busca a segurança nas relações, embora aprecie a liberdade. Tem um senso artístico apurado e é vaidosa.

NOME	ORIGEM	ENERGIA	SIGNIFICADO NA NUMEROLOGIA
DOLORES	Latina – lamentações	34	Interessada em aprender, está sempre em busca de estímulos diferentes que a façam refletir. Não gosta de limitações e é independente. Possui espírito aventureiro e gosta de experimentar, porém organiza tudo o que está em sua mente. É uma pessoa mais introspectiva e reservada, mas quando se sente dona da situação expressa-se com facilidade. É dotada de grande intuição, o que a ajuda a tomar decisões.
DOMINICA	Latina – variação de Domingo/ Dominga, dia de Deus	41	É extremamente criativa e consegue transformar as idéias, geralmente ousadas e futuristas, em realidade. Gosta de resultados práticos, não tem medo de mudanças, porém quer manter o controle da situação. Versátil, entusiasma-se com facilidade e tem coragem diante das adversidades.
DORA	Grega – presente, dádiva	20	Possui um espírito muito conciliador e sua habilidade de mediadora permite que estabeleça uma situação de harmonia entre as pessoas. Procura agradar aos outros e sabe negociar. Gosta de cooperar e de se doar por uma causa, uma relação ou mesmo para superar um conflito. É receptiva e sabe delegar. Acredita no dar e receber.
DULCE	Latina – doce, terna, meiga	18	Muito idealista, pode ter dificuldades para enfrentar obstáculos. Por outro lado, sabe resolver os problemas alheios, dando conselhos valiosos. Tem grande intuição e é bastante sensível. Seu excesso de dramaticidade pode prejudicar a maneira de enfrentar a vida. É intelectual e tem dotes artísticos.
DULCINÉIA	Latina – doce	42	Tem um jeito afetuoso e gosta de cooperar. Demora a tomar decisões, dependendo do apoio dos outros. Prefere estar sempre rodeada de amigos e da família. Bastante compreensiva, pondera todos os pontos de vista. Pode ser muito vulnerável às emoções, já que é bastante sensível. Valoriza as artes e a harmonia.
EDITH	Germânica – rico presente, dádiva	28	Com sua energia de liderança, tem coragem para atingir seus objetivos. Dotada de grande imaginação, dá forma concreta às suas criações mentais. Tem senso artístico, além de notável intuição e excelente capacidade dedutiva. Devido à sua grande tensão interna, poderá ter dificuldades em demonstrar e lidar com suas emoções.
EDNA	Hebraica – tornar-se jovem novamente	15	Busca a harmonia e o equilíbrio. É muito observadora, extremamente ativa e dinâmica. Generosa e responsável, zela como ninguém pelas suas coisas e pelos que a rodeiam. Teimosa, contesta tudo, e, com sua mente ágil e rápida, tem sempre uma opinião a dar. Comunica-se com facilidade e clareza, e, com seus conselhos, envolve e influencia as outras pessoas.
EDUARDA	Germânica – aquela que defende suas riquezas	27	Intuitiva e analítica, vive um conflito entre seu lado racional e sua imaginação. Líder vigorosa, encara a vida com idéias criativas e originais. Prefere agir sozinha, pois tem dificuldade em compartilhar seus sentimentos mais profundos. É impulsiva e precisa aprender a ter paciência e disciplina. Possui uma atitude generosa e solidária. Gosta de se sentir útil.

NOME	ORIGEM	ENERGIA	SIGNIFICADO NA NUMEROLOGIA
ELAINE	Grega – variação de Helena	28	Com sua energia de liderança, tem coragem para atingir seus objetivos. Dotada de grande imaginação, dá forma concreta às suas criações mentais. Tem senso artístico, além de notável intuição e excelente capacidade dedutiva. Devido à sua grande tensão interna, poderá ter dificuldades em demonstrar e lidar com suas emoções.
ELBA	Latina – ilha na costa oeste da Itália	11	Sensível às outras pessoas, dá força a elas. Responsável, tem sempre uma maneira prática e lógica de analisar e resolver problemas e enfrentar desafios. Reservada e introspectiva, revela sua grande força espiritual aprendendo diante de qualquer situação. É fonte de inspiração para os outros e tem fortes dons artísticos.
ELENA	Francesa – luz brilhante	19	Sabe dirigir grandes projetos. É muito independente e por isso não gosta de ter seu espaço invadido, não dando muita abertura à opinião dos outros. Pode ter atitudes inesperadas, extremadas e sem lógica. Não aprecia o que é convencional. Sente necessidade de se afirmar, mostrar o seu valor e a sua capacidade.
ELEONOR	Hebraica – variante de Eleonora	39	Envolve-se com a comunidade, preocupando-se em trazer alegria às outras pessoas. É intensa, apaixonada, possessiva e ciumenta. Dá soluções criativas e decisivas para superar situações críticas e aparentemente impossíveis. Quer ensinar e tem um espírito empreendedor. Porém pode perder rapidamente o interesse e abandonar projetos sem concluí-los. Pode ser muito rígida consigo mesma. Muitas vezes é impaciente, agindo de forma brusca e ríspida.
ELINA	Grega – pura, casta	23	Aprende com facilidade e pensa rápido. Ambiciosa, tem muitas idéias e precisa ser constantemente desafiada, aplicando aquilo que criou ao dia-a-dia. Generosa e amigável, relaciona-se sem problemas e pode exercer papel de mediadora quando surge algum conflito. É inquieta e gosta de novidades.
ELISA	Latina – feliz	19	Sabe dirigir grandes projetos. É muito independente e por isso não gosta de ter seu espaço invadido, não dando muita abertura à opinião dos outros. Pode ter atitudes inesperadas, extremadas e sem lógica. Não aprecia o que é convencional. Sente necessidade de se afirmar, mostrar o seu valor e a sua capacidade.
ELIZABETH	Hebraica – Deus é o meu juramento	43	Introspectiva e reservada, é dotada de uma forte individualidade. Independente, possui uma abordagem prática frente à vida. É produtiva e gosta de analisar tudo, muitas vezes de forma exagerada. Com isso, pode levar tempo para tomar uma decisão.
ELOÍSA	Germânica – lutadora cheia de glórias	25	Bastante observadora e atenta a detalhes, pode ter deduções e chegar a conclusões muito refinadas. Muito exigente consigo mesma, não gosta de demonstrar sua fragilidade. Prefere pensar muito antes de tomar decisões. Tem grande intuição e prefere agir com a mente e não com a emoção.

NOME	ORIGEM	ENERGIA	SIGNIFICADO NA NUMEROLOGIA
ELSA	Germânica – a fidalga	10	Reage às situações de maneira direta, pronta para encontrar uma solução inovadora e rápida. Precisa estar sempre motivada. Sabe influenciar as pessoas, deseja dar as ordens, mas sua presença é de harmonia. Não gosta de tratar de detalhes. Deve controlar a tendência a desejar tudo na hora. Prefere agir sozinha, pois é muito criativa e original.
ELVIRA	Germânica – a princesa	31	É uma lutadora incansável. Prefere mandar a ser mandada. É independente e competitiva e envolve-se com projetos nos quais possa usar a sua imaginação fértil. Imediatista, é agitada e ansiosa. Não sabe esperar e, como prefere o movimento, muitas vezes é impulsiva. Aprecia as artes, é comunicativa e receptiva. Tem para si grandes expectativas e sente-se contrariada se não as concretiza.
EMA	Latina – universal	10	Reage às situações de maneira direta, pronta para encontrar uma solução inovadora e rápida. Precisa estar sempre motivada. Sabe influenciar as pessoas, deseja dar as ordens, mas sua presença é de harmonia. Não gosta de tratar de detalhes. Deve controlar a tendência a desejar tudo na hora. Prefere agir sozinha, pois é muito criativa e original.
EMANUELA	Hebraica – Deus está conosco	27	Intuitiva e analítica, vive um conflito entre seu lado racional e sua imaginação. Líder vigorosa, encara a vida com idéias criativas e originais. Prefere agir sozinha, pois tem dificuldade em compartilhar seus sentimentos mais profundos. É impulsiva e precisa aprender a ter paciência e disciplina. Possui uma atitude generosa e solidária. Gosta de se sentir útil.
EMÍLIA	Latina – aquela que trabalha com determinação e audácia	31	É uma lutadora incansável. Prefere mandar a ser mandada. É independente e competitiva e envolve-se com projetos nos quais possa usar a sua imaginação fértil. Imediatista, é agitada e ansiosa. Não sabe esperar e, como prefere o movimento, muitas vezes é impulsiva. Aprecia as artes, é comunicativa e receptiva. Tem para si grandes expectativas e sente-se contrariada se não as concretiza.
EMILY	Latina – é a variação inglesa de Emília	28	Com sua energia de liderança, tem coragem para atingir seus objetivos. Dotada de grande imaginação, dá forma concreta às suas criações mentais. Tem senso artístico, além de notável intuição e excelente capacidade dedutiva. Devido à sua grande tensão interna, poderá ter dificuldades em demonstrar e lidar com suas emoções.
ÉRICA	Germânica – a princesa honrada	27	Intuitiva e analítica, vive um conflito entre seu lado racional e sua imaginação. Líder vigorosa, encara a vida com idéias criativas e originais. Prefere agir sozinha, pois tem dificuldade em compartilhar seus sentimentos mais profundos. É impulsiva e precisa aprender a ter paciência e disciplina. Possui uma atitude generosa e solidária. Gosta de se sentir útil.
ESMERALDA	Latina – a pedra preciosa de cor esverdeada	33	Dotada de muita coragem, aprecia ajudar os amigos nas situações mais embaraçosas. Sentimental e preocupada com os problemas dos outros, emociona-se com facilidade. Tende a aceitar uma situação difícil para não desestabilizar a harmonia do lar, do trabalho ou de suas amizades.

NOME	ORIGEM	ENERGIA	SIGNIFICADO NA NUMEROLOGIA
ESPERANÇA	Latina – a esperançosa	37	É pioneira, gosta de ser desafiada e também estimula as outras pessoas com sua energia. Tem prazer em se relacionar, é simpática, amável e expansiva. Preocupada com o futuro, quer logo chegar a conclusões. Possui grande agilidade mental, tem conversa agradável e é fértil em idéias.
ESTEFÂNIA	Grega – aquela que foi coroada com méritos	35	Gosta de se envolver em projetos diferenciados nos quais possa exercer a liderança. É bastante prática, o que a torna uma pessoa ágil. Chega a conclusões rapidamente. Busca a estabilidade e a segurança, não se arriscando sem ter conhecimento das possibilidades reais. Gosta de ter liberdade de ação. Impaciente, tem pavio curto. É exigente e controladora.
ESTELA	Latina – estrela. A donzela que é a estrela da família	17	Tem espírito de detetive e habilidade para resolver qualquer problema. Seu grande poder de concentração ajuda-a a enfrentar as situações mais difíceis. Procura ter um conhecimento mais profundo e mais espiritual da vida. É firme em suas decisões e idéias. É líder e sabe dar ordens.
ESTER	Hebraica – estrela	22	Gosta de grandes desafios. Tem originalidade para resolver problemas, chegando a soluções práticas. Suas opiniões são firmes e tendem a controlar as atitudes e desejos dos outros. Muito séria, relaciona-se com dificuldade, fechando-se a contatos mais íntimos. Rígida, idealista e autocrítica, debate-se freqüentemente entre razão e emoção.
ESTHER	Persa – estrela	30	Expressa alegria e otimismo, contagiando aqueles que a rodeiam. Tem espírito solidário e gosta de ajudar e cuidar. Aprecia a beleza e as coisas mais simples da vida. É dotada de uma grande necessidade de se sentir útil e querida. Busca a segurança nas relações, embora aprecie a liberdade. Tem um senso artístico apurado e é vaidosa.
ETHEL	Germânica – variação de Etel	23	Aprende com facilidade e pensa rápido. Ambiciosa, tem muitas idéias e precisa ser constantemente desafiada, aplicando aquilo que criou ao dia-a-dia. Generosa e amigável, relaciona-se sem problemas e pode exercer papel de mediadora quando surge algum conflito. É inquieta e gosta de novidades.
EUGÊNIA	Grega – aquela que nasceu em berço de ouro. Nobre	35	Gosta de se envolver em projetos diferenciados nos quais possa exercer a liderança. É bastante prática, o que a torna uma pessoa ágil. Chega a conclusões rapidamente. Busca a estabilidade e a segurança, não se arriscando sem ter conhecimento das possibilidades reais. Gosta de ter liberdade de ação. Impaciente, tem pavio curto. É exigente e controladora.
EULÁLIA	Grega – aquela que fala com eloqüência, bem compreendida por todos	25	Bastante observadora e atenta a detalhes, pode ter deduções e chegar a conclusões muito refinadas. Muito exigente consigo mesma, não gosta de demonstrar sua fragilidade. Prefere pensar muito antes de tomar decisões. Tem grande intuição e prefere agir com a mente e não com a emoção.

NOME	ORIGEM	ENERGIA	SIGNIFICADO NA NUMEROLOGIA
EUNICE	Hebraica – aquela que tem a vitória	30	Expressa alegria e otimismo, contagiando aqueles que a rodeiam. Tem espírito solidário e gosta de ajudar e cuidar. Aprecia a beleza e as coisas mais simples da vida. É dotada de uma grande necessidade de se sentir útil e querida. Busca a segurança nas relações, embora aprecie a liberdade. Tem um senso artístico apurado e é vaidosa.
EVA	Hebraica – tem vida. A primeira mulher	10	Reage às situações de maneira direta, pronta para encontrar uma solução inovadora e rápida. Precisa estar sempre motivada. Sabe influenciar as pessoas, deseja dar as ordens, mas sua presença é de harmonia. Não gosta de tratar de detalhes. Deve controlar a tendência a desejar tudo na hora. Prefere agir sozinha, pois é muito criativa e original.
EVANGELINA	Hebraica – a boa nova	45	Possui uma sensibilidade muito desenvolvida. Porém pode ter dificuldades e, com o medo de lidar com o desconhecido e enfrentar riscos, acaba apegando-se ao passado. Gosta de ensinar os outros e preocupa-se com seus problemas. Precisa aprender a usar a razão, buscando assim o equilíbrio.
EVELYN	Grega – pássaro de grande estirpe	29	Exigente e perfeccionista, consegue direcionar sua intensa energia para alcançar seus objetivos. Suas expectativas são altas e não admite falhas. Tem enorme criatividade e inclinação para as artes. Sente uma grande necessidade de se destacar e é competitiva. Gosta de ensinar. Idealista, costuma envolver-se em sonhos e fantasias. É ansiosa e tem dificuldade em valorizar a opinião das outras pessoas.
FÁBIA	Latina – feminino de Fábio. A mulher que cultiva favas	19	Sabe dirigir grandes projetos. É muito independente e por isso não gosta de ter seu espaço invadido, não dando muita abertura à opinião dos outros. Pode ter atitudes inesperadas, extremadas e sem lógica. Não aprecia o que é convencional. Sente necessidade de se afirmar, mostrar o seu valor e a sua capacidade.
FABIANA	Latina – variação de Fábia	25	Bastante observadora e atenta a detalhes, pode ter deduções e chegar a conclusões muito refinadas. Muito exigente consigo mesma, não gosta de demonstrar sua fragilidade. Prefere pensar muito antes de tomar decisões. Tem grande intuição e prefere agir com a mente e não com a emoção.
FABÍOLA	Latina – variação de Fábia	28	Com sua energia de liderança, tem coragem para atingir seus objetivos. Dotada de grande imaginação, dá forma concreta às suas criações mentais. Tem senso artístico, além de notável intuição e excelente capacidade dedutiva. Devido à sua grande tensão interna, poderá ter dificuldades em demonstrar e lidar com suas emoções.
FANNY	Inglesa – divertida, alegre	24	Atrai relacionamentos com facilidade, pois é muito atenciosa e gentil. Seu jeito responsável e metódico dá segurança a quem a procura. Gosta tanto de agradar e de se envolver nos problemas dos outros que acaba se decepcionando. Aprecia as artes e a beleza. Aprecia atividades em equipe.

NOME	ORIGEM	ENERGIA	SIGNIFICADO NA NUMEROLOGIA
FÁTIMA	Árabe – donzela esplêndida	23	Aprende com facilidade e pensa rápido. Ambiciosa, tem muitas idéias e precisa ser constantemente desafiada, aplicando aquilo que criou ao dia-a-dia. Generosa e amigável, relaciona-se sem problemas e pode exercer papel de mediadora quando surge algum conflito. É inquieta e gosta de novidades.
FLÁVIA	Latina – da antiga família romana dos Flávios	24	Atrai relacionamentos com facilidade, pois é muito atenciosa e gentil. Seu jeito responsável e metódico dá segurança a quem a procura. Gosta tanto de agradar e de se envolver nos problemas dos outros que acaba se decepcionando. Aprecia as artes e a beleza. Aprecia atividades em equipe.
FLORA	Latina – a deusa das flores	25	Bastante observadora e atenta a detalhes, pode ter deduções e chegar a conclusões muito refinadas. Muito exigente consigo mesma, não gosta de demonstrar sua fragilidade. Prefere pensar muito antes de tomar decisões. Tem grande intuição e prefere agir com a mente e não com a emoção.
FLORINDA	Latina – variação de Flora	43	Introspectiva e reservada, é dotada de uma forte individualidade. Independente, possui uma abordagem prática frente à vida. É produtiva e gosta de analisar tudo, muitas vezes de forma exagerada. Com isso, pode levar tempo para tomar uma decisão.
FORTUNA	Latina – aquela que traz sorte	32	Comunica-se com facilidade e convence as pessoas com suas idéias originais. Gosta de fazer e cultivar muitas amizades. Aprecia viagens, precisa sentir-se livre e sempre em movimento. Gosta de mudar e conhecer novos ambientes. Atua com criatividade. Charmosa, tem facilidade para assumir a liderança nas mais variadas situações.
FRANCISCA	Germânica – aquela que leva o estandarte na batalha	38	Idealista, quer fazer mudanças em tudo. Tem necessidade de se envolver com outras pessoas e ser responsável por elas. Influencia os outros com suas opiniões e maneira de ser. É generosa e possui uma preocupação que vai além do mundo material. Tem grandes oscilações de humor. Ansiosa, não goza de muita paciência para aguardar os resultados de seus projetos e atitudes.
FRIDA	Germânica – aquela que dissemina a paz	29	Exigente e perfeccionista, consegue direcionar sua intensa energia para alcançar seus objetivos. Suas expectativas são altas e não admite falhas. Tem enorme criatividade e inclinação para as artes. Sente uma grande necessidade de se destacar e é competitiva. Gosta de ensinar. Idealista, costuma envolver-se em sonhos e fantasias. É ansiosa e tem dificuldade em valorizar a opinião das outras pessoas.
GABRIELA	Hebraica – aquela que tem a força de Deus	37	É pioneira, gosta de ser desafiada e também estimula as outras pessoas com sua energia. Tem prazer em se relacionar, é simpática, amável e expansiva. Preocupada com o futuro, quer logo chegar a conclusões. Possui grande agilidade mental, tem conversa agradável e é fértil em idéias.

NOME	ORIGEM	ENERGIA	SIGNIFICADO NA NUMEROLOGIA
GEÓRGIA	Grega – aquela que trabalha a terra	44	Quer ter o domínio de tudo e não aceita falhas. É capaz de se envolver inteiramente em trabalhos que propiciem algum benefício aos outros. Muito segura, organizada e disciplinada, sabe perseverar nos seus objetivos. Gosta de se envolver em atividades que a façam sentir-se útil, com resultados palpáveis. É exigente e sabe enfrentar as adversidades. É reservada, não se expõe e não fala muito de si.
GEORGINA	Grega – variação de Geórgia	49	É extremamente justa e formal. Necessita de segurança e por isso, evita mudar o estilo de vida. Possui um grande controle emocional e desconfia de tudo e de todos. Gosta de adquirir bens materiais. Gentil e diplomática, dá força às outras pessoas. Tem pensamento lógico e concreto, mas precisa aprender a se organizar.
GERMANA	Germânica – feminino de Germano	32	Comunica-se com facilidade e convence as pessoas com suas idéias originais. Gosta de fazer e cultivar muitas amizades. Aprecia viagens, precisa sentir-se livre e sempre em movimento. Gosta de mudar e conhecer novos ambientes. Atua com criatividade. Charmosa, tem facilidade para assumir a liderança nas mais variadas situações.
GERTRUDES	Germânica – mulher amada pelo poder da lança	45	Possui uma sensibilidade muito desenvolvida. Porém pode ter dificuldades e, com o medo de lidar com o desconhecido e enfrentar riscos, acaba apegando-se ao passado. Gosta de ensinar os outros e preocupa-se com seus problemas. Precisa aprender a usar a razão, buscando assim o equilíbrio.
GILDA	Germânica – aquela que pode se sacrificar	24	Atrai relacionamentos com facilidade, pois é muito atenciosa e gentil. Seu jeito responsável e metódico dá segurança a quem a procura. Gosta tanto de agradar e de se envolver nos problemas dos outros que acaba se decepcionando. Aprecia as artes e a beleza. Aprecia atividades em equipe.
GIOVANNA	Latina/italiana – abençoada com a graça divina. Variação de Joana	38	Idealista, quer fazer mudanças em tudo. Tem necessidade de se envolver com outras pessoas e ser responsável por elas. Influencia os outros com suas opiniões e maneira de ser. É generosa e possui uma preocupação que vai além do mundo material. Tem grandes oscilações de humor. Ansiosa, não goza de muita paciência para aguardar os resultados de seus projetos e atitudes.
GISELA	Germânica – a flecha	26	Possui energia de comando e poder, orientada para ajudar as outras pessoas. Prefere ter o controle das situações. Precisa ver o resultado de seus esforços, sua obra e o fruto de seu planejamento mental. Valoriza demasiadamente a opinião dos outros, pois se relaciona com base na emoção.
GISELLE	Germânica – vairação francesa de Gisela	33	Dotada de muita coragem, aprecia ajudar os amigos nas situações mais embaraçosas. Sentimental e preocupada com os problemas dos outros, emociona-se com facilidade. Tende a aceitar uma situação difícil para não desestabilizar a harmonia do lar, do trabalho ou de suas amizades.

NOME	ORIGEM	ENERGIA	SIGNIFICADO NA NUMEROLOGIA
GLADIS	Galesa – feliz	25	Bastante observadora e atenta a detalhes, pode ter deduções e chegar a conclusões muito refinadas. Muito exigente consigo mesma, não gosta de demonstrar sua fragilidade. Prefere pensar muito antes de tomar decisões. Tem grande intuição e prefere agir com a mente e não com a emoção.
GLÓRIA	Latina – honra	35	Gosta de se envolver em projetos diferenciados nos quais possa exercer a liderança. É bastante prática, o que a torna uma pessoa ágil. Chega a conclusões rapidamente. Busca a estabilidade e a segurança, não se arriscando sem ter conhecimento das possibilidades reais. Gosta de ter liberdade de ação. Impaciente, tem pavio curto. É exigente e controladora.
GRAÇA	Latina – aquela que possui a amizade de Deus	21	Muito comunicativa e criativa, está sempre pensando em novas alternativas e possibilidades. Sociável e impaciente, preocupa-se em não magoar os outros. Tem uma enorme capacidade de influenciar o ambiente em que está. Possui um humor repleto de altos e baixos. Tem dificuldade em se concentrar em um pensamento ou atividade, dispersando-se com freqüência.
GRACE	Latina – variação inglesa de Graça	25	Bastante observadora e atenta a detalhes, pode ter deduções e chegar a conclusões muito refinadas. Muito exigente consigo mesma, não gosta de demonstrar sua fragilidade. Prefere pensar muito antes de tomar decisões. Tem grande intuição e prefere agir com a mente e não com a emoção.
GRAZIELA	Latina – diminutivo italiano de Graça	43	Introspectiva e reservada, é dotada de uma forte individualidade. Independente, possui uma abordagem prática frente à vida. É produtiva e gosta de analisar tudo, muitas vezes de forma exagerada. Com isso, pode levar tempo para tomar uma decisão.
GRETCHEN	Germânica – pequena pérola	44	Quer ter o domínio de tudo e não aceita falhas. É capaz de se envolver inteiramente em trabalhos que propiciem algum benefício aos outros. Muito segura, organizada e disciplinada, sabe perseverar nos seus objetivos. Gosta de se envolver em atividades que a façam sentir-se útil, com resultados palpáveis. É exigente e sabe enfrentar as adversidades. É reservada, não se expõe e não fala muito de si.
HEBE	Grega – a que possui frescor	20	Possui um espírito muito conciliador e sua habilidade de mediadora permite que estabeleça uma situação de harmonia entre as pessoas. Procura agradar aos outros e sabe negociar. Gosta de cooperar e de se doar por uma causa, uma relação ou mesmo para superar um conflito. É receptiva e sabe delegar. Acredita no dar e receber.
HELENA	Grega – o sol ao amanhecer	27	Intuitiva e analítica, vive um conflito entre seu lado racional e sua imaginação. Líder vigorosa, encara a vida com idéias criativas e originais. Prefere agir sozinha, pois tem dificuldade em compartilhar seus sentimentos mais profundos. É impulsiva e precisa aprender a ter paciência e disciplina. Possui uma atitude generosa e solidária. Gosta de se sentir útil.

NOME	ORIGEM	ENERGIA	SIGNIFICADO NA NUMEROLOGIA
HELOÍSA	Germânica – aquela que é lutadora, cheia de glórias	33	Dotada de muita coragem, aprecia ajudar os amigos nas situações mais embaraçosas. Sentimental e preocupada com os problemas dos outros, emociona-se com facilidade. Tende a aceitar uma situação difícil para não desestabilizar a harmonia do lar, do trabalho ou de suas amizades.
HILDA	Germânica – mulher protetora, que luta com coragem	25	Bastante observadora e atenta a detalhes, pode ter deduções e chegar a conclusões muito refinadas. Muito exigente consigo mesma, não gosta de demonstrar sua fragilidade. Prefere pensar muito antes de tomar decisões. Tem grande intuição e prefere agir com a mente e não com a emoção.
HORTÊNSIA	Latina – a jardineira	46	Tem atitude de administradora, além de líder. Sua tendência é resolver os problemas de todos com interferência franca e dominadora. É dinâmica e rápida para tomar decisões. É dedicada aos outros e confia neles. Prefere ser desafiada e por isso quer experimentar e mudar. Porém pode ter resistência ao tentar o novo. Tem atitude impositiva e pode ser controladora.
IARA	Brasileira, tupi – a deusa das águas	20	Possui um espírito muito conciliador e sua habilidade de mediadora permite que estabeleça uma situação de harmonia entre as pessoas. Procura agradar aos outros e sabe negociar. Gosta de cooperar e de se doar por uma causa, uma relação ou mesmo para superar um conflito. É receptiva e sabe delegar. Acredita no dar e receber.
INÊS	Grega – pura	20	Possui um espírito muito conciliador e sua habilidade de mediadora permite que estabeleça uma situação de harmonia entre as pessoas. Procura agradar aos outros e sabe negociar. Gosta de cooperar e de se doar por uma causa, uma relação ou mesmo para superar um conflito. É receptiva e sabe delegar. Acredita no dar e receber.
INGRID	Escandinava – a filha do herói	43	Introspectiva e reservada, é dotada de uma forte individualidade. Independente, possui uma abordagem prática frente à vida. É produtiva e gosta de analisar tudo, muitas vezes de forma exagerada. Com isso, pode levar tempo para tomar uma decisão.
IRENE	Grega – apaziguadora	33	Dotada de muita coragem, aprecia ajudar os amigos nas situações mais embaraçosas. Sentimental e preocupada com os problemas dos outros, emociona-se com facilidade. Tende a aceitar uma situação difícil para não desestabilizar a harmonia do lar, do trabalho ou de suas amizades.
ÍRIS	Grega – cores lindas e vivas	28	Com sua energia de liderança, tem coragem para atingir seus objetivos. Dotada de grande imaginação, dá forma concreta às suas criações mentais. Tem senso artístico, além de notável intuição e excelente capacidade dedutiva. Devido à sua grande tensão interna, poderá ter dificuldades em demonstrar e lidar com suas emoções.

NOME	ORIGEM	ENERGIA	SIGNIFICADO NA NUMEROLOGIA
IRMA	Germânica – consagrada a Deus	23	Aprende com facilidade e pensa rápido. Ambiciosa, tem muitas idéias e precisa ser constantemente desafiada, aplicando aquilo que criou ao dia-a-dia. Generosa e amigável, relaciona-se sem problemas e pode exercer papel de mediadora quando surge algum conflito. É inquieta e gosta de novidades.
ISA	Latim – mulher de muita vontade	11	Sensível às outras pessoas, dá força a elas. Responsável, tem sempre uma maneira prática e lógica de analisar e resolver problemas e enfrentar desafios. Reservada e introspectiva, revela sua grande força espiritual aprendendo diante de qualquer situação. É fonte de inspiração para os outros e tem fortes dons artísticos.
ISABEL	Hebraica – aquela que ama Deus	21	Muito comunicativa e criativa, está sempre pensando em novas alternativas e possibilidades. Sociável e impaciente, preocupa-se em não magoar os outros. Tem uma enorme capacidade de influenciar o ambiente em que está. Possui um humor repleto de altos e baixos. Tem dificuldade em se concentrar em um pensamento ou atividade, dispersando-se com freqüência.
ISABELLA	Hebraica – variação italiana de Isabel	25	Bastante observadora e atenta a detalhes, pode ter deduções e chegar a conclusões muito refinadas. Muito exigente consigo mesma, não gosta de demonstrar sua fragilidade. Prefere pensar muito antes de tomar decisões. Tem grande intuição e prefere agir com a mente e não com a emoção.
ISADORA	Grega – dádiva de Ísis	31	É uma lutadora incansável. Prefere mandar a ser mandada. É independente e competitiva e envolve-se com projetos nos quais possa usar a sua imaginação fértil. Imediatista, é agitada e ansiosa. Não sabe esperar e, como prefere o movimento, muitas vezes é impulsiva. Aprecia as artes, é comunicativa e receptiva. Tem para si grandes expectativas e sente-se contrariada se não as concretiza.
ISAURA	Grega – que vem da Isáuria, região antiga da Ásia	24	Atrai relacionamentos com facilidade, pois é muito atenciosa e gentil. Seu jeito responsável e metódico dá segurança a quem a procura. Gosta tanto de agradar e de se envolver nos problemas dos outros que acaba se decepcionando. Aprecia as artes e a beleza. Aprecia atividades em equipe.
IVONE	Germânica – a arqueira	29	Exigente e perfeccionista, consegue direcionar sua intensa energia para alcançar seus objetivos. Suas expectativas são altas e não admite falhas. Tem enorme criatividade e inclinação para as artes. Sente uma grande necessidade de se destacar e é competitiva. Gosta de ensinar. Idealista, costuma envolver-se em sonhos e fantasias. É ansiosa e tem dificuldade em valorizar a opinião das outras pessoas.
JANAÍNA	Africana – sinônimo de Iemanjá, rainha do mar	23	Aprende com facilidade e pensa rápido. Ambiciosa, tem muitas idéias e precisa ser constantemente desafiada, aplicando aquilo que criou ao dia-a-dia. Generosa e amigável, relaciona-se sem problemas e pode exercer papel de mediadora quando surge algum conflito. É inquieta e gosta de novidades.

NOME	ORIGEM	ENERGIA	SIGNIFICADO NA NUMEROLOGIA
JANETH	Hebraica – aquela que possui a graça de Deus	22	Gosta de grandes desafios. Tem originalidade para resolver problemas, chegando a soluções práticas. Suas opiniões são firmes e tendem a controlar as atitudes e desejos dos outros. Muito séria, relaciona-se com dificuldade, fechando-se a contatos mais íntimos. Rígida, idealista e autocrítica, debate-se freqüentemente entre razão e emoção.
JANICE	Inglesa – variação de Joana	24	Atrai relacionamentos com facilidade, pois é muito atenciosa e gentil. Seu jeito responsável e metódico dá segurança a quem a procura. Gosta tanto de agradar e de se envolver nos problemas dos outros que acaba se decepcionando. Aprecia as artes e a beleza. Aprecia atividades em equipe.
JAQUELINE	Hebraica – feminino de Jacó, aquele que superou seu irmão	40	É metódica e muito detalhista. Gosta da lógica e da ordem. Muito exigente, adora pesquisar, procurando fundamentar solidamente seus planos e idéias. Busca respostas profundas e sabe o que quer. Auxilia os outros com seu conhecimento. No entanto, pode ser muito fechada em sua maneira de ser e muito rígida nas suas crenças.
JENNIFER	Celta – espírito transparente	45	Possui uma sensibilidade muito desenvolvida. Porém pode ter dificuldades e, com o medo de lidar com o desconhecido e enfrentar riscos, acaba apegando-se ao passado. Gosta de ensinar os outros e preocupa-se com seus problemas. Precisa aprender a usar a razão, buscando assim o equilíbrio.
JÉSSICA	Eslava – a filha de Jessa, deus eslavo	21	Muito comunicativa e criativa, está sempre pensando em novas alternativas e possibilidades. Sociável e impaciente, preocupa-se em não magoar os outros. Tem uma enorme capacidade de influenciar o ambiente em que está. Possui um humor repleto de altos e baixos. Tem dificuldade em se concentrar em um pensamento ou atividade, dispersando-se com freqüência.
JOSEFINA	Hebraica – variação de Josefa	34	Interessada em aprender, está sempre em busca de estímulos diferentes que a façam refletir. Não gosta de limitações e é independente. Possui espírito aventureiro e gosta de experimentar, porém organiza tudo o que está em sua mente. É uma pessoa mais introspectiva e reservada, mas quando se sente dona da situação expressa-se com facilidade. É dotada de grande intuição, o que a ajuda a tomar decisões.
JOYCE	Inglesa – aquela que irradia alegria por onde passa	22	Gosta de grandes desafios. Tem originalidade para resolver problemas, chegando a soluções práticas. Suas opiniões são firmes e tendem a controlar as atitudes e desejos dos outros. Muito séria, relaciona-se com dificuldade, fechando-se a contatos mais íntimos. Rígida, idealista e autocrítica, debate-se freqüentemente entre razão e emoção.
JOANA	Hebraica – feminino de Juan. Cheia de graça	14	Dinamismo, determinação e forte intuição ajudam a estruturar as muitas idéias que vêm à sua mente. Adora novidades, tem enorme necessidade de experimentar o novo e aventurar-se. A versatilidade e a sensualidade são suas marcas registradas. Autoconfiante, gosta de se envolver em grandes empreendimentos.

NOME	ORIGEM	ENERGIA	SIGNIFICADO NA NUMEROLOGIA
JUDITH	Hebraica – variação de Judit	27	Intuitiva e analítica, vive um conflito entre seu lado racional e sua imaginação. Líder vigorosa, encara a vida com idéias criativas e originais. Prefere agir sozinha, pois tem dificuldade em compartilhar seus sentimentos mais profundos. É impulsiva e precisa aprender a ter paciência e disciplina. Possui uma atitude generosa e solidária. Gosta de se sentir útil.
JÚLIA	Latina – aquela que tem o cabelo crespo. Juvenil	17	Tem espírito de detetive e habilidade para resolver qualquer problema. Seu grande poder de concentração ajuda-a a enfrentar as situações mais difíceis. Procura ter um conhecimento mais profundo e mais espiritual da vida. É firme em suas decisões e idéias. É líder e sabe dar ordens.
JULIANA	Latina – composta de Júlia + Ana	23	Aprende com facilidade e pensa rápido. Ambiciosa, tem muitas idéias e precisa ser constantemente desafiada, aplicando aquilo que criou ao dia-a-dia. Generosa e amigável, relaciona-se sem problemas e pode exercer papel de mediadora quando surge algum conflito. É inquieta e gosta de novidades.
JULIETA	Latina – variação de Júlia	24	Atrai relacionamentos com facilidade, pois é muito atenciosa e gentil. Seu jeito responsável e metódico dá segurança a quem a procura. Gosta tanto de agradar e de se envolver nos problemas dos outros que acaba se decepcionando. Aprecia as artes e a beleza. Aprecia atividades em equipe.
KAREN	Dinamarquesa – pura	22	Gosta de grandes desafios. Tem originalidade para resolver problemas, chegando a soluções práticas. Suas opiniões são firmes e tendem a controlar as atitudes e desejos dos outros. Muito séria, relaciona-se com dificuldade, fechando-se a contatos mais íntimos. Rígida, idealista e autocrítica, debate-se freqüentemente entre razão e emoção.
KARINA	Latina – mulher querida e amada por todos	27	Intuitiva e analítica, vive um conflito entre seu lado racional e sua imaginação. Líder vigorosa, encara a vida com idéias criativas e originais. Prefere agir sozinha, pois tem dificuldade em compartilhar seus sentimentos mais profundos. É impulsiva e precisa aprender a ter paciência e disciplina. Possui uma atitude generosa e solidária. Gosta de se sentir útil.
KARLA	Latina – variação de Carla	16	É uma amiga leal, bastante intuitiva e criativa. Líder por natureza, tem magnetismo e atrai as pessoas. Perfeccionista, não gosta que interfiram em seus planos. Parece solitária porque busca o isolamento, mas sente enorme necessidade de estar rodeada de amigos e parentes. Busca analisar tudo de maneira lógica e racional.
KÁTIA	Grega – aquela que tem raça pura	15	Busca a harmonia e o equilíbrio. É muito observadora, extremamente ativa e dinâmica. Generosa e responsável, zela como ninguém pelas suas coisas e pelos que a rodeiam. Teimosa, contesta tudo, e, com sua mente ágil e rápida, tem sempre uma opinião a dar. Comunica-se com facilidade e clareza, e, com seus conselhos, envolve e influencia as outras pessoas.

NOME	ORIGEM	ENERGIA	SIGNIFICADO NA NUMEROLOGIA
LAÍS	Grega – amável e querida por todos	14	Dinamismo, determinação e forte intuição ajudam a estruturar as muitas idéias que vêm à sua mente. Adora novidades, tem enorme necessidade de experimentar o novo e aventurar-se. A versatilidade e a sensualidade são suas marcas registradas. Autoconfiante, gosta de se envolver em grandes empreendimentos.
LARA	Latina – a protetora do lar	14	Dinamismo, determinação e forte intuição ajudam a estruturar as muitas idéias que vêm à sua mente. Adora novidades, tem enorme necessidade de experimentar o novo e aventurar-se. A versatilidade e a sensualidade são suas marcas registradas. Autoconfiante, gosta de se envolver em grandes empreendimentos.
LARISSA	Grega – mulher misteriosa	25	Bastante observadora e atenta a detalhes, pode ter deduções e chegar a conclusões muito refinadas. Muito exigente consigo mesma, não gosta de demonstrar sua fragilidade. Prefere pensar muito antes de tomar decisões. Tem grande intuição e prefere agir com a mente e não com a emoção.
LAURA	Latina – aquela que é coroada de glórias	17	Tem espírito de detetive e habilidade para resolver qualquer problema. Seu grande poder de concentração ajuda-a a enfrentar as situações mais difíceis. Procura ter um conhecimento mais profundo e mais espiritual da vida. É firme em suas decisões e idéias. É líder e sabe dar ordens.
LAVÍNIA	Latina – vinda da cidade de Roma	32	Comunica-se com facilidade e convence as pessoas com suas idéias originais. Gosta de fazer e cultivar muitas amizades. Aprecia viagens, precisa sentir-se livre e sempre em movimento. Gosta de mudar e conhecer novos ambientes. Atua com criatividade. Charmosa, tem facilidade para assumir a liderança nas mais variadas situações.
LÉA	Hebraica – vem de leoa	9	Reage aos estímulos de maneira gentil e compreensiva. Não faz prejulgamentos e é pacifista. Muitas vezes tem atitudes baseadas na emoção, comovendo-se intensamente e podendo até se impressionar. Com mente aberta e pensamento liberal, procura compreender tudo, e isso pode fazer com que tenha dificuldades em ser objetiva.
LEDA	Grega – aquela que é uma dama	13	Gosta de renovar, de transformar e de substituir um padrão por outro mais eficiente. Tem prazer em ajudar a resolver os problemas dos outros com suas idéias originais. Encontra sempre uma alternativa objetiva e prática. No entanto, pode ter dificuldade em expressar o que deseja fazer, desperdiçando assim seu potencial criativo.
LEILA	Árabe – tem o esplendor da noite	21	Muito comunicativa e criativa, está sempre pensando em novas alternativas e possibilidades. Sociável e impaciente, preocupa-se em não magoar os outros. Tem uma enorme capacidade de influenciar o ambiente em que está. Possui um humor repleto de altos e baixos. Tem dificuldade em se concentrar em um pensamento ou atividade, dispersando-se com freqüência.

NOME	ORIGEM	ENERGIA	SIGNIFICADO NA NUMEROLOGIA
LENA	Hebraica – a magnífica. Variação de Magdalena	14	Dinamismo, determinação e forte intuição ajudam a estruturar as muitas idéias que vêm à sua mente. Adora novidades, tem enorme necessidade de experimentar o novo e aventurar-se. A versatilidade e a sensualidade são suas marcas registradas. Autoconfiante, gosta de se envolver em grandes empreendimentos.
LEONOR	Grega – mulher de fibra	34	Interessada em aprender, está sempre em busca de estímulos diferentes que a façam refletir. Não gosta de limitações e é independente. Possui espírito aventureiro e gosta de experimentar, porém organiza tudo o que está em sua mente. É uma pessoa mais introspectiva e reservada, mas quando se sente dona da situação expressa-se com facilidade. É dotada de grande intuição, o que a ajuda a tomar decisões.
LEONORA	Grega – variação de Leonor	35	Gosta de se envolver em projetos diferenciados nos quais possa exercer a liderança. É bastante prática, o que a torna uma pessoa ágil. Chega a conclusões rapidamente. Busca a estabilidade e a segurança, não se arriscando sem ter conhecimento das possibilidades reais. Gosta de ter liberdade de ação. Impaciente, tem pavio curto. É exigente e controladora.
LETÍCIA	Latina – aquela que traz alegria e prazer	32	Comunica-se com facilidade e convence as pessoas com suas idéias originais. Gosta de fazer e cultivar muitas amizades. Aprecia viagens, precisa sentir-se livre e sempre em movimento. Gosta de mudar e conhecer novos ambientes. Atua com criatividade. Charmosa, tem facilidade para assumir a liderança nas mais variadas situações.
LEVANA	Hebraica – Lua	19	Sabe dirigir grandes projetos. É muito independente e por isso não gosta de ter seu espaço invadido, não dando muita abertura à opinião dos outros. Pode ter atitudes inesperadas, extremadas e sem lógica. Não aprecia o que é convencional. Sente necessidade de se afirmar, mostrar o seu valor e a sua capacidade.
LIA	Hebraica – aquela que está cansada	13	Gosta de renovar, de transformar e de substituir um padrão por outro mais eficiente. Tem prazer em ajudar a resolver os problemas dos outros com suas idéias originais. Encontra sempre uma alternativa objetiva e prática. No entanto, pode ter dificuldade em expressar o que deseja fazer, desperdiçando assim seu potencial criativo.
LÍDIA	Latina – nascida na Lídia, antiga região da Ásia	26	Possui energia de comando e poder, orientada para ajudar as outras pessoas. Prefere ter o controle das situações. Precisa ver o resultado de seus esforços, sua obra e o fruto de seu planejamento mental. Valoriza demasiadamente a opinião dos outros, pois se relaciona com base na emoção.
LÍGIA	Grega – figura mitológica	29	Exigente e perfeccionista, consegue direcionar sua intensa energia para alcançar seus objetivos. Suas expectativas são altas e não admite falhas. Tem enorme criatividade e inclinação para as artes. Sente uma grande necessidade de se destacar e é competitiva. Gosta de ensinar. Idealista, costuma envolver-se em sonhos e fantasias. É ansiosa e tem dificuldade em valorizar a opinião das outras pessoas.

NOME	ORIGEM	ENERGIA	SIGNIFICADO NA NUMEROLOGIA
LILIAN	Latina – variação de Lília	30	Expressa alegria e otimismo, contagiando aqueles que a rodeiam. Tem espírito solidário e gosta de ajudar e cuidar. Aprecia a beleza e as coisas mais simples da vida. É dotada de uma grande necessidade de se sentir útil e querida. Busca a segurança nas relações, embora aprecie a liberdade. Tem um senso artístico apurado e é vaidosa.
LILIANA	Latina – composta de Lília + Ana	31	É uma lutadora incansável. Prefere mandar a ser mandada. É independente e competitiva e envolve-se com projetos nos quais possa usar a sua imaginação fértil. Imediatista, é agitada e ansiosa. Não sabe esperar e, como prefere o movimento, muitas vezes é impulsiva. Aprecia as artes, é comunicativa e receptiva. Tem para si grandes expectativas e sente-se contrariada se não as concretiza.
LINA	Latina – aquela que tece o linho	18	Muito idealista, pode ter dificuldades para enfrentar obstáculos. Por outro lado, sabe resolver os problemas alheios, dando conselhos valiosos. Tem grande intuição e é bastante sensível. Seu excesso de dramaticidade pode prejudicar a maneira de enfrentar a vida. É intelectual e tem dotes artísticos.
LINDA	Latina – bonita	22	Gosta de grandes desafios. Tem originalidade para resolver problemas, chegando a soluções práticas. Suas opiniões são firmes e tendem a controlar as atitudes e desejos dos outros. Muito séria, relaciona-se com dificuldade, fechando-se a contatos mais íntimos. Rígida, idealista e autocrítica, debate-se freqüentemente entre razão e emoção.
LISA	Latina – variação de Elisa. Deus é meu juramento	14	Dinamismo, determinação e forte intuição ajudam a estruturar as muitas idéias que vêm à sua mente. Adora novidades, tem enorme necessidade de experimentar o novo e aventurar-se. A versatilidade e a sensualidade são suas marcas registradas. Autoconfiante, gosta de se envolver em grandes empreendimentos.
LISETTE	Francesa – diminutivo de Lisa	27	Intuitiva e analítica, vive um conflito entre seu lado racional e sua imaginação. Líder vigorosa, encara a vida com idéias criativas e originais. Prefere agir sozinha, pois tem dificuldade em compartilhar seus sentimentos mais profundos. É impulsiva e precisa aprender a ter paciência e disciplina. Possui uma atitude generosa e solidária. Gosta de se sentir útil.
LORENA	Francesa – natural de Lorena, na França	29	Exigente e perfeccionista, consegue direcionar sua intensa energia para alcançar seus objetivos. Suas expectativas são altas e não admite falhas. Tem enorme criatividade e inclinação para as artes. Sente uma grande necessidade de se destacar e é competitiva. Gosta de ensinar. Idealista, costuma envolver-se em sonhos e fantasias. É ansiosa e tem dificuldade em valorizar a opinião das outras pessoas.
LOURDES	Francesa – referência à virgem que apareceu em Lourdes, na França	31	É uma lutadora incansável. Prefere mandar a ser mandada. É independente e competitiva e envolve-se com projetos nos quais possa usar a sua imaginação fértil. Imediatista, é agitada e ansiosa. Não sabe esperar e, como prefere o movimento, muitas vezes é impulsiva. Aprecia as artes, é comunicativa e receptiva. Tem para si grandes expectativas e sente-se contrariada se não as concretiza.

NOME	ORIGEM	ENERGIA	SIGNIFICADO NA NUMEROLOGIA
LUANA	Germânica – mulher guerreira, combatente	13	Gosta de renovar, de transformar e de substituir um padrão por outro mais eficiente. Tem prazer em ajudar a resolver os problemas dos outros com suas idéias originais. Encontra sempre uma alternativa objetiva e prática. No entanto, pode ter dificuldade em expressar o que deseja fazer, desperdiçando assim seu potencial criativo.
LÚCIA	Latina – aquela que nasceu à luz do dia	19	Sabe dirigir grandes projetos. É muito independente e por isso não gosta de ter seu espaço invadido, não dando muita abertura à opinião dos outros. Pode ter atitudes inesperadas, extremadas e sem lógica. Não aprecia o que é convencional. Sente necessidade de se afirmar, mostrar o seu valor e a sua capacidade.
LUCIANA	Latina – variação de Lúcia	25	Bastante observadora e atenta a detalhes, pode ter deduções e chegar a conclusões muito refinadas. Muito exigente consigo mesma, não gosta de demonstrar sua fragilidade. Prefere pensar muito antes de tomar decisões. Tem grande intuição e prefere agir com a mente e não com a emoção.
LUÍSA	Germânica – a guerreira afamada	17	Tem espírito de detetive e habilidade para resolver qualquer problema. Seu grande poder de concentração ajuda-a a enfrentar as situações mais difíceis. Procura ter um conhecimento mais profundo e mais espiritual da vida. É firme em suas decisões e idéias. É líder e sabe dar ordens.
LUNA	Latina – luz noturna. Lua	12	Simpática e amável, sabe convencer seus pares. Porém, quando é muito franca no que fala e opina, acaba afugentando as pessoas. Alegre e cheia de vida, gosta de estar rodeada de amigos. Faz de tudo para ser valorizada e reconhecida. Simples e prática, é uma pessoa de ação. Movida pelo entusiasmo, aprecia situações em que seja intelectualmente desafiada.
LUZIA	Latina – que irradia luz	24	Atrai relacionamentos com facilidade, pois é muito atenciosa e gentil. Seu jeito responsável e metódico dá segurança a quem a procura. Gosta tanto de agradar e de se envolver nos problemas dos outros que acaba se decepcionando. Aprecia as artes e a beleza. Aprecia atividades em equipe.
MABEL	Latina – adaptação inglesa para a amável	15	Busca a harmonia e o equilíbrio. É muito observadora, extremamente ativa e dinâmica. Generosa e responsável, zela como ninguém pelas suas coisas e pelos que a rodeiam. Teimosa, contesta tudo, e, com sua mente ágil e rápida, tem sempre uma opinião a dar. Comunica-se com facilidade e clareza, e, com seus conselhos, envolve e influencia as outras pessoas.
MADALENA	Hebraica – variação francesa de Magdalena, a magnífica	24	Atrai relacionamentos com facilidade, pois é muito atenciosa e gentil. Seu jeito responsável e metódico dá segurança a quem a procura. Gosta tanto de agradar e de se envolver nos problemas dos outros que acaba se decepcionando. Aprecia as artes e a beleza. Aprecia atividades em equipe.

NOME	ORIGEM	ENERGIA	SIGNIFICADO NA NUMEROLOGIA
MAGALI	Latina – variação de Margarita. Valiosa como a pérola	25	Bastante observadora e atenta a detalhes, pode ter deduções e chegar a conclusões muito refinadas. Muito exigente consigo mesma, não gosta de demonstrar sua fragilidade. Prefere pensar muito antes de tomar decisões. Tem grande intuição e prefere agir com a mente e não com a emoção.
MAGDA	Hebraica – variação de Magdalena	17	Tem espírito de detetive e habilidade para resolver qualquer problema. Seu grande poder de concentração ajuda-a a enfrentar as situações mais difíceis. Procura ter um conhecimento mais profundo e mais espiritual da vida. É firme em suas decisões e idéias. É líder e sabe dar ordens.
MAITÊ	Basca – amada	21	Muito comunicativa e criativa, está sempre pensando em novas alternativas e possibilidades. Sociável e impaciente, preocupa-se em não magoar os outros. Tem uma enorme capacidade de influenciar o ambiente em que está. Possui um humor repleto de altos e baixos. Tem dificuldade em se concentrar em um pensamento ou atividade, dispersando-se com freqüência.
MANUELA	Hebraica – Deus está conosco	22	Gosta de grandes desafios. Tem originalidade para resolver problemas, chegando a soluções práticas. Suas opiniões são firmes e tendem a controlar as atitudes e desejos dos outros. Muito séria, relaciona-se com dificuldade, fechando-se a contatos mais íntimos. Rígida, idealista e autocrítica, debate-se freqüentemente entre razão e emoção.
MARA	Hebraico – amargura	15	Busca a harmonia e o equilíbrio. É muito observadora, extremamente ativa e dinâmica. Generosa e responsável, zela como ninguém pelas suas coisas e pelos que a rodeiam. Teimosa, contesta tudo, e, com sua mente ágil e rápida, tem sempre uma opinião a dar. Comunica-se com facilidade e clareza, e, com seus conselhos, envolve e influencia as outras pessoas.
MARCELA	Latina – mulher batalhadora. Aquela que trabalha com o martelo	26	Possui energia de comando e poder, orientada para ajudar as outras pessoas. Prefere ter o controle das situações. Precisa ver o resultado de seus esforços, sua obra e o fruto de seu planejamento mental. Valoriza demasiadamente a opinião dos outros, pois se relaciona com base na emoção.
MÁRCIA	Latina – aquela que foi consagrada ao deus Marte	27	Intuitiva e analítica, vive um conflito entre seu lado racional e sua imaginação. Líder vigorosa, encara a vida com idéias criativas e originais. Prefere agir sozinha, pois tem dificuldade em compartilhar seus sentimentos mais profundos. É impulsiva e precisa aprender a ter paciência e disciplina. Possui uma atitude generosa e solidária. Gosta de se sentir útil.
MARGARIDA	Latina – valiosa como a pérola	45	Possui uma sensibilidade muito desenvolvida. Porém pode ter dificuldades e, com o medo de lidar com o desconhecido e enfrentar riscos, acaba apegando-se ao passado. Gosta de ensinar os outros e preocupa-se com seus problemas. Precisa aprender a usar a razão, buscando assim o equilíbrio.

NOME	ORIGEM	ENERGIA	SIGNIFICADO NA NUMEROLOGIA
MARIA	Hebraica – várias definições: a escolhida, a profeta, a senhora, a estrela-do-mar	24	Atrai relacionamentos com facilidade, pois é muito atenciosa e gentil. Seu jeito responsável e metódico dá segurança a quem a procura. Gosta tanto de agradar e de se envolver nos problemas dos outros que acaba se decepcionando. Aprecia as artes e a beleza. Aprecia atividades em equipe.
MARIANA	Latina – consagrada à Virgem Maria	30	Expressa alegria e otimismo, contagiando aqueles que a rodeiam. Tem espírito solidário e gosta de ajudar e cuidar. Aprecia a beleza e as coisas mais simples da vida. É dotada de uma grande necessidade de se sentir útil e querida. Busca a segurança nas relações, embora aprecie a liberdade. Tem um senso artístico apurado e é vaidosa.
MARIANNE	Latina – variação francesa de Mariana	39	Envolve-se com a comunidade, preocupando-se em trazer alegria às outras pessoas. É intensa, apaixonada, possessiva e ciumenta. Dá soluções criativas e decisivas para superar situações críticas e aparentemente impossíveis. Quer ensinar e tem um espírito empreendedor. Porém pode perder rapidamente o interesse e abandonar projetos sem concluí-los. Pode ser muito rígida consigo mesma. Muitas vezes é impaciente, agindo de forma brusca e ríspida.
MARIBEL	Latina – composta de Maria + Isabel	33	Dotada de muita coragem, aprecia ajudar os amigos nas situações mais embaraçosas. Sentimental e preocupada com os problemas dos outros, emociona-se com facilidade. Tende a aceitar uma situação difícil para não desestabilizar a harmonia do lar, do trabalho ou de suas amizades.
MARÍLIA	Hebraica – variação poética de Maria	36	Gosta do contato com os outros, pois quer ser a fonte inspiradora. Aprecia aconselhar e prestar serviços. Tem propensão a liderar grandes projetos, mas pode ter dificuldade em organizá-los. É necessário conhecer os limites para não exagerar no cuidado com os outros. É comunicativa e criativa. Pode ter comportamentos extremados como a alegria e a falta de ânimo.
MARINA	Latina – do mar	29	Exigente e perfeccionista, consegue direcionar sua intensa energia para alcançar seus objetivos. Suas expectativas são altas e não admite falhas. Tem enorme criatividade e inclinação para as artes. Sente uma grande necessidade de se destacar e é competitiva. Gosta de ensinar. Idealista, costuma envolver-se em sonhos e fantasias. É ansiosa e tem dificuldade em valorizar a opinião das outras pessoas.
MARIS	Latina – que vem do mar	24	Atrai relacionamentos com facilidade, pois é muito atenciosa e gentil. Seu jeito responsável e metódico dá segurança a quem a procura. Gosta tanto de agradar e de se envolver nos problemas dos outros que acaba se decepcionando. Aprecia as artes e a beleza. Aprecia atividades em equipe.
MARISOL	Latina/espanhola – contração de Maria del Sol	33	Dotada de muita coragem, aprecia ajudar os amigos nas situações mais embaraçosas. Sentimental e preocupada com os problemas dos outros, emociona-se com facilidade. Tende a aceitar uma situação difícil para não desestabilizar a harmonia do lar, do trabalho ou de suas amizades.

NOME	ORIGEM	ENERGIA	SIGNIFICADO NA NUMEROLOGIA
MARIZA	Hebraica – que vem do mar	32	Comunica-se com facilidade e convence as pessoas com suas idéias originais. Gosta de fazer e cultivar muitas amizades. Aprecia viagens, precisa sentir-se livre e sempre em movimento. Gosta de mudar e conhecer novos ambientes. Atua com criatividade. Charmosa, tem facilidade para assumir a liderança nas mais variadas situações.
MARLENE	Hebraica – variação de Magdalena. A magnífica	32	Comunica-se com facilidade e convence as pessoas com suas idéias originais. Gosta de fazer e cultivar muitas amizades. Aprecia viagens, precisa sentir-se livre e sempre em movimento. Gosta de mudar e conhecer novos ambientes. Atua com criatividade. Charmosa, tem facilidade para assumir a liderança nas mais variadas situações.
MARLY	Francesa – nome de um povoado	24	Atrai relacionamentos com facilidade, pois é muito atenciosa e gentil. Seu jeito responsável e metódico dá segurança a quem a procura. Gosta tanto de agradar e de se envolver nos problemas dos outros que acaba se decepcionando. Aprecia as artes e a beleza. Aprecia atividades em equipe.
MARTA	Hebraica – aquela que reina em casa	17	Tem espírito de detetive e habilidade para resolver qualquer problema. Seu grande poder de concentração ajuda-a a enfrentar as situações mais difíceis. Procura ter um conhecimento mais profundo e mais espiritual da vida. É firme em suas decisões e idéias. É líder e sabe dar ordens.
MARTINA	Latina – aquela que foi consagrada a Marte	31	É uma lutadora incansável. Prefere mandar a ser mandada. É independente e competitiva e envolve-se com projetos nos quais possa usar a sua imaginação fértil. Imediatista, é agitada e ansiosa. Não sabe esperar e, como prefere o movimento, muitas vezes é impulsiva. Aprecia as artes, é comunicativa e receptiva. Tem para si grandes expectativas e sente-se contrariada se não as concretiza.
MATILDE	Germânica – a que trabalha com a força e a vontade	28	Com sua energia de liderança, tem coragem para atingir seus objetivos. Dotada de grande imaginação, dá forma concreta às suas criações mentais. Tem senso artístico, além de notável intuição e excelente capacidade dedutiva. Devido à sua grande tensão interna, poderá ter dificuldades em demonstrar e lidar com suas emoções.
MAURA	Celta – aquela que possui pele escura	18	Muito idealista, pode ter dificuldades para enfrentar obstáculos. Por outro lado, sabe resolver os problemas alheios, dando conselhos valiosos. Tem grande intuição e é bastante sensível. Seu excesso de dramaticidade pode prejudicar a maneira de enfrentar a vida. É intelectual e tem dotes artísticos.
MAYRE	Latina – maravilhosa	26	Possui energia de comando e poder, orientada para ajudar as outras pessoas. Prefere ter o controle das situações. Precisa ver o resultado de seus esforços, sua obra e o fruto de seu planejamento mental. Valoriza demasiadamente a opinião dos outros, pois se relaciona com base na emoção.

NOME	ORIGEM	ENERGIA	SIGNIFICADO NA NUMEROLOGIA
MEIRE	Hebraica – a luz	32	Comunica-se com facilidade e convence as pessoas com suas idéias originais. Gosta de fazer e cultivar muitas amizades. Aprecia viagens, precisa sentir-se livre e sempre em movimento. Gosta de mudar e conhecer novos ambientes. Atua com criatividade. Charmosa, tem facilidade para assumir a liderança nas mais variadas situações.
MELISSA	Grega – mel de abelha	24	Atrai relacionamentos com facilidade, pois é muito atenciosa e gentil. Seu jeito responsável e metódico dá segurança a quem a procura. Gosta tanto de agradar e de se envolver nos problemas dos outros que acaba se decepcionando. Aprecia as artes e a beleza. Aprecia atividades em equipe.
MERCEDES	Latina/espanhola – dar graças	36	Gosta do contato com os outros, pois quer ser a fonte inspiradora. Aprecia aconselhar e prestar serviços. Tem propensão a liderar grandes projetos, mas pode ter dificuldade em organizá-los. É necessário conhecer os limites para não exagerar no cuidado com os outros. É comunicativa e criativa. Pode ter comportamentos extremados como a alegria e a falta de ânimo.
MICHELLE	Francesa – variante feminina francesa para Michel	40	É metódica e muito detalhista. Gosta da lógica e da ordem. Muito exigente, adora pesquisar, procurando fundamentar solidamente seus planos e idéias. Busca respostas profundas e sabe o que quer. Auxilia os outros com seu conhecimento. No entanto, pode ser muito fechada em sua maneira de ser e muito rígida nas suas crenças.
MILDRED	Germânica – a conselheira	38	Idealista, quer fazer mudanças em tudo. Tem necessidade de se envolver com outras pessoas e ser responsável por elas. Influencia os outros com suas opiniões e maneira de ser. É generosa e possui uma preocupação que vai além do mundo material. Tem grandes oscilações de humor. Ansiosa, não goza de muita paciência para aguardar os resultados de seus projetos e atitudes.
MILENA	Latina – amorosa, carinhosa	27	Intuitiva e analítica, vive um conflito entre seu lado racional e sua imaginação. Líder vigorosa, encara a vida com idéias criativas e originais. Prefere agir sozinha, pois tem dificuldade em compartilhar seus sentimentos mais profundos. É impulsiva e precisa aprender a ter paciência e disciplina. Possui uma atitude generosa e solidária. Gosta de se sentir útil.
MINA	Germânica – amor	19	Sabe dirigir grandes projetos. É muito independente e por isso não gosta de ter seu espaço invadido, não dando muita abertura à opinião dos outros. Pode ter atitudes inesperadas, extremadas e sem lógica. Não aprecia o que é convencional. Sente necessidade de se afirmar, mostrar o seu valor e a sua capacidade.
MIRELA	Provençal – a admirada	31	É uma lutadora incansável. Prefere mandar a ser mandada. É independente e competitiva e envolve-se com projetos nos quais possa usar a sua imaginação fértil. Imediatista, é agitada e ansiosa. Não sabe esperar e, como prefere o movimento, muitas vezes é impulsiva. Aprecia as artes, é comunicativa e receptiva. Tem para si grandes expectativas e sente-se contrariada se não as concretiza.

NOME	ORIGEM	ENERGIA	SIGNIFICADO NA NUMEROLOGIA
MIRELLE	Francesa – variação de Mirela, a admirada	38	Idealista, quer fazer mudanças em tudo. Tem necessidade de se envolver com outras pessoas e ser responsável por elas. Influencia os outros com suas opiniões e maneira de ser. É generosa e possui uma preocupação que vai além do mundo material. Tem grandes oscilações de humor. Ansiosa, não goza de muita paciência para aguardar os resultados de seus projetos e atitudes.
MIRIAM	Hebraica – a filha desejada	36	Gosta do contato com os outros, pois quer ser a fonte inspiradora. Aprecia aconselhar e prestar serviços. Tem propensão a liderar grandes projetos, mas pode ter dificuldade em organizá-los. É necessário conhecer os limites para não exagerar no cuidado com os outros. É comunicativa e criativa. Pode ter comportamentos extremados como a alegria e a falta de ânimo.
MIRNA	Latina – gentil, cortês	28	Com sua energia de liderança, tem coragem para atingir seus objetivos. Dotada de grande imaginação, dá forma concreta às suas criações mentais. Tem senso artístico, além de notável intuição e excelente capacidade dedutiva. Devido à sua grande tensão interna, poderá ter dificuldades em demonstrar e lidar com suas emoções.
MIRTA	Latina – galhos de árvore	25	Bastante observadora e atenta a detalhes, pode ter deduções e chegar a conclusões muito refinadas. Muito exigente consigo mesma, não gosta de demonstrar sua fragilidade. Prefere pensar muito antes de tomar decisões. Tem grande intuição e prefere agir com a mente e não com a emoção.
MÔNICA	Grega – solitária	28	Com sua energia de liderança, tem coragem para atingir seus objetivos. Dotada de grande imaginação, dá forma concreta às suas criações mentais. Tem senso artístico, além de notável intuição e excelente capacidade dedutiva. Devido à sua grande tensão interna, poderá ter dificuldades em demonstrar e lidar com suas emoções.
MORENA	Latina – de pele escura	30	Expressa alegria e otimismo, contagiando aqueles que a rodeiam. Tem espírito solidário e gosta de ajudar e cuidar. Aprecia a beleza e as coisas mais simples da vida. É dotada de uma grande necessidade de se sentir útil e querida. Busca a segurança nas relações, embora aprecie a liberdade. Tem um senso artístico apurado e é vaidosa.
MURIEL	Eslava – brilhante como o mar	33	Dotada de muita coragem, aprecia ajudar os amigos nas situações mais embaraçosas. Sentimental e preocupada com os problemas dos outros, emociona-se com facilidade. Tende a aceitar uma situação difícil para não desestabilizar a harmonia do lar, do trabalho ou de suas amizades.
MYRIAN	Hebraica – senhora	35	Gosta de se envolver em projetos diferenciados nos quais possa exercer a liderança. É bastante prática, o que a torna uma pessoa ágil. Chega a conclusões rapidamente. Busca a estabilidade e a segurança, não se arriscando sem ter conhecimento das possibilidades reais. Gosta de ter liberdade de ação. Impaciente, tem pavio curto. É exigente e controladora.

NOME	ORIGEM	ENERGIA	SIGNIFICADO NA NUMEROLOGIA
NÁDIA	Russa – esperança	20	Possui um espírito muito conciliador e sua habilidade de mediadora permite que estabeleça uma situação de harmonia entre as pessoas. Procura agradar aos outros e sabe negociar. Gosta de cooperar e de se doar por uma causa, uma relação ou mesmo para superar um conflito. É receptiva e sabe delegar. Acredita no dar e receber.
NANCY	Inglesa – graciosa	21	Muito comunicativa e criativa, está sempre pensando em novas alternativas e possibilidades. Sociável e impaciente, preocupa-se em não magoar os outros. Tem uma enorme capacidade de influenciar o ambiente em que está. Possui um humor repleto de altos e baixos. Tem dificuldade em se concentrar em um pensamento ou atividade, dispersando-se com freqüência.
NAOMI	Hebraica – aquela que agrada. Também usado no masculino	25	Bastante observadora e atenta a detalhes, pode ter deduções e chegar a conclusões muito refinadas. Muito exigente consigo mesma, não gosta de demonstrar sua fragilidade. Prefere pensar muito antes de tomar decisões. Tem grande intuição e prefere agir com a mente e não com a emoção.
NATÁLIA	Latina – aquela que nasceu no Natal	22	Gosta de grandes desafios. Tem originalidade para resolver problemas, chegando a soluções práticas. Suas opiniões são firmes e tendem a controlar as atitudes e desejos dos outros. Muito séria, relaciona-se com dificuldade, fechando-se a contatos mais íntimos. Rígida, idealista e autocrítica, debate-se freqüentemente entre razão e emoção.
NATASHA	Russa – dia do nascimento	19	Sabe dirigir grandes projetos. É muito independente e por isso não gosta de ter seu espaço invadido, não dando muita abertura à opinião dos outros. Pode ter atitudes inesperadas, extremadas e sem lógica. Não aprecia o que é convencional. Sente necessidade de se afirmar, mostrar o seu valor e a sua capacidade.
NEIDE	Grega – a nadadora	28	Com sua energia de liderança, tem coragem para atingir seus objetivos. Dotada de grande imaginação, dá forma concreta às suas criações mentais. Tem senso artístico, além de notável intuição e excelente capacidade dedutiva. Devido à sua grande tensão interna, poderá ter dificuldades em demonstrar e lidar com suas emoções.
NELLY	Hebraica – Deus é minha luz	23	Aprende com facilidade e pensa rápido. Ambiciosa, tem muitas idéias e precisa ser constantemente desafiada, aplicando aquilo que criou ao dia-a-dia. Generosa e amigável, relaciona-se sem problemas e pode exercer papel de mediadora quando surge algum conflito. É inquieta e gosta de novidades.
NEUSA	Grega – a nadadora	15	Busca a harmonia e o equilíbrio. É muito observadora, extremamente ativa e dinâmica. Generosa e responsável, zela como ninguém pelas suas coisas e pelos que a rodeiam. Teimosa, contesta tudo, e, com sua mente ágil e rápida, tem sempre uma opinião a dar. Comunica-se com facilidade e clareza, e, com seus conselhos, envolve e influencia as outras pessoas.

NOME	ORIGEM	ENERGIA	SIGNIFICADO NA NUMEROLOGIA
NÍDIA	Latina – pássaro recém-saído do ninho	28	Com sua energia de liderança, tem coragem para atingir seus objetivos. Dotada de grande imaginação, dá forma concreta às suas criações mentais. Tem senso artístico, além de notável intuição e excelente capacidade dedutiva. Devido à sua grande tensão interna, poderá ter dificuldades em demonstrar e lidar com suas emoções.
NINA	Hebraica – graça	20	Possui um espírito muito conciliador e sua habilidade de mediadora permite que estabeleça uma situação de harmonia entre as pessoas. Procura agradar aos outros e sabe negociar. Gosta de cooperar e de se doar por uma causa, uma relação ou mesmo para superar um conflito. É receptiva e sabe delegar. Acredita no dar e receber.
NOEMI	Hebraica – bela	29	Exigente e perfeccionista, consegue direcionar sua intensa energia para alcançar seus objetivos. Suas expectativas são altas e não admite falhas. Tem enorme criatividade e inclinação para as artes. Sente uma grande necessidade de se destacar e é competitiva. Gosta de ensinar. Idealista, costuma envolver-se em sonhos e fantasias. É ansiosa e tem dificuldade em valorizar a opinião das outras pessoas.
NORA	Latina – honra	21	Muito comunicativa e criativa, está sempre pensando em novas alternativas e possibilidades. Sociável e impaciente, preocupa-se em não magoar os outros. Tem uma enorme capacidade de influenciar o ambiente em que está. Possui um humor repleto de altos e baixos. Tem dificuldade em se concentrar em um pensamento ou atividade, dispersando-se com freqüência.
NORMA	Latina – modelo, regra	25	Bastante observadora e atenta a detalhes, pode ter deduções e chegar a conclusões muito refinadas. Muito exigente consigo mesma, não gosta de demonstrar sua fragilidade. Prefere pensar muito antes de tomar decisões. Tem grande intuição e prefere agir com a mente e não com a emoção.
NUMA	Grega – a lei	13	Gosta de renovar, de transformar e de substituir um padrão por outro mais eficiente. Tem prazer em ajudar a resolver os problemas dos outros com suas idéias originais. Encontra sempre uma alternativa objetiva e prática. No entanto, pode ter dificuldade em expressar o que deseja fazer, desperdiçando assim seu potencial criativo.
NÚRIA	Latina – o fogo de Deus	27	Intuitiva e analítica, vive um conflito entre seu lado racional e sua imaginação. Líder vigorosa, encara a vida com idéias criativas e originais. Prefere agir sozinha, pois tem dificuldade em compartilhar seus sentimentos mais profundos. É impulsiva e precisa aprender a ter paciência e disciplina. Possui uma atitude generosa e solidária. Gosta de se sentir útil.
ODETE	Francesa – riqueza	22	Gosta de grandes desafios. Tem originalidade para resolver problemas, chegando a soluções práticas. Suas opiniões são firmes e tendem a controlar as atitudes e desejos dos outros. Muito séria, relaciona-se com dificuldade, fechando-se a contatos mais íntimos. Rígida, idealista e autocrítica, debate-se freqüentemente entre razão e emoção.

NOME	ORIGEM	ENERGIA	SIGNIFICADO NA NUMEROLOGIA
OFÉLIA	Grega – serpente	30	Expressa alegria e otimismo, contagiando aqueles que a rodeiam. Tem espírito solidário e gosta de ajudar e cuidar. Aprecia a beleza e as coisas mais simples da vida. É dotada de uma grande necessidade de se sentir útil e querida. Busca a segurança nas relações, embora aprecie a liberdade. Tem um senso artístico apurado e é vaidosa.
OLGA	Escandinava – santa, sagrada	17	Tem espírito de detetive e habilidade para resolver qualquer problema. Seu grande poder de concentração ajuda-a a enfrentar as situações mais difíceis. Procura ter um conhecimento mais profundo e mais espiritual da vida. É firme em suas decisões e idéias. É líder e sabe dar ordens.
OLÍMPIA	Grega – celestial	39	Envolve-se com a comunidade, preocupando-se em trazer alegria às outras pessoas. É intensa, apaixonada, possessiva e ciumenta. Dá soluções criativas e decisivas para superar situações críticas e aparentemente impossíveis. Quer ensinar e tem um espírito empreendedor. Porém pode perder rapidamente o interesse e abandonar projetos sem concluí-los. Pode ser muito rígida consigo mesma. Muitas vezes é impaciente, agindo de forma brusca e ríspida.
OLÍVIA	Latina – o olivo (símbolo de paz)	32	Comunica-se com facilidade e convence as pessoas com suas idéias originais. Gosta de fazer e cultivar muitas amizades. Aprecia viagens, precisa sentir-se livre e sempre em movimento. Gosta de mudar e conhecer novos ambientes. Atua com criatividade. Charmosa, tem facilidade para assumir a liderança nas mais variadas situações.
PALMIRA	Latina – relativo ao fruto doce	34	Interessada em aprender, está sempre em busca de estímulos diferentes que a façam refletir. Não gosta de limitações e é independente. Possui espírito aventureiro e gosta de experimentar, porém organiza tudo o que está em sua mente. É uma pessoa mais introspectiva e reservada, mas quando se sente dona da situação expressa-se com facilidade. É dotada de grande intuição, o que a ajuda a tomar decisões.
PALOMA	Espanhola – pomba	22	Gosta de grandes desafios. Tem originalidade para resolver problemas, chegando a soluções práticas. Suas opiniões são firmes e tendem a controlar as atitudes e desejos dos outros. Muito séria, relaciona-se com dificuldade, fechando-se a contatos mais íntimos. Rígida, idealista e autocrítica, debate-se freqüentemente entre razão e emoção.
PAMELA	Grega – amante da música	21	Muito comunicativa e criativa, está sempre pensando em novas alternativas e possibilidades. Sociável e impaciente, preocupa-se em não magoar os outros. Tem uma enorme capacidade de influenciar o ambiente em que está. Possui um humor repleto de altos e baixos. Tem dificuldade em se concentrar em um pensamento ou atividade, dispersando-se com freqüência.
PATRÍCIA	Latina – de nobre estirpe	41	É extremamente criativa e consegue transformar as idéias, geralmente ousadas e futuristas, em realidade. Gosta de resultados práticos, não tem medo de mudanças, porém quer manter o controle da situação. Versátil, entusiasma-se com facilidade e tem coragem diante das adversidades.

NOME	ORIGEM	ENERGIA	SIGNIFICADO NA NUMEROLOGIA
PAULA	Latina – pequena, delicada	15	Busca a harmonia e o equilíbrio. É muito observadora, extremamente ativa e dinâmica. Generosa e responsável, zela como ninguém pelas suas coisas e pelos que a rodeiam. Teimosa, contesta tudo, e, com sua mente ágil e rápida, tem sempre uma opinião a dar. Comunica-se com facilidade e clareza, e, com seus conselhos, envolve e influencia as outras pessoas.
PAULINA	Latina – pequenina	29	Exigente e perfeccionista, consegue direcionar sua intensa energia para alcançar seus objetivos. Suas expectativas são altas e não admite falhas. Tem enorme criatividade e inclinação para as artes. Sente uma grande necessidade de se destacar e é competitiva. Gosta de ensinar. Idealista, costuma envolver-se em sonhos e fantasias. É ansiosa e tem dificuldade em valorizar a opinião das outras pessoas.
PAZ	Latina – usada especialmente como exaltação de Mariana	16	É uma amiga leal, bastante intuitiva e criativa. Líder por natureza, tem magnetismo e atrai as pessoas. Perfeccionista, não gosta que interfiram em seus planos. Parece solitária porque busca o isolamento, mas sente enorme necessidade de estar rodeada de amigos e parentes. Busca analisar tudo de maneira lógica e racional.
PENÉLOPE	Latina – esposa de Ulisses, durante os anos da Odisséia, aguardou-o voltar	43	Introspectiva e reservada, é dotada de uma forte individualidade. Independente, possui uma abordagem prática frente à vida. É produtiva e gosta de analisar tudo, muitas vezes de forma exagerada. Com isso, pode levar tempo para tomar uma decisão.
PERLA	Latina – pérola	25	Bastante observadora e atenta a detalhes, pode ter deduções e chegar a conclusões muito refinadas. Muito exigente consigo mesma, não gosta de demonstrar sua fragilidade. Prefere pensar muito antes de tomar decisões. Tem grande intuição e prefere agir com a mente e não com a emoção.
PIA	Latina – devota	17	Tem espírito de detetive e habilidade para resolver qualquer problema. Seu grande poder de concentração ajuda-a a enfrentar as situações mais difíceis. Procura ter um conhecimento mais profundo e mais espiritual da vida. É firme em suas decisões e idéias. É líder e sabe dar ordens.
PIEDADE	Latina – devoção	35	Gosta de se envolver em projetos diferenciados nos quais possa exercer a liderança. É bastante prática, o que a torna uma pessoa ágil. Chega a conclusões rapidamente. Busca a estabilidade e a segurança, não se arriscando sem ter conhecimento das possibilidades reais. Gosta de ter liberdade de ação. Impaciente, tem pavio curto. É exigente e controladora.
PILAR	Latina – aquela que vive sobre as pedras	29	Exigente e perfeccionista, consegue direcionar sua intensa energia para alcançar seus objetivos. Suas expectativas são altas e não admite falhas. Tem enorme criatividade e inclinação para as artes. Sente uma grande necessidade de se destacar e é competitiva. Gosta de ensinar. Idealista, costuma envolver-se em sonhos e fantasias. É ansiosa e tem dificuldade em valorizar a opinião das outras pessoas.

NOME	ORIGEM	ENERGIA	SIGNIFICADO NA NUMEROLOGIA
PRISCILA	Hebraica – pequena idosa	42	Tem um jeito afetuoso e gosta de cooperar. Demora a tomar decisões, dependendo do apoio dos outros. Prefere estar sempre rodeada de amigos e da família. Bastante compreensiva, pondera todos os pontos de vista. Pode ser muito vulnerável às emoções, já que é bastante sensível. Valoriza as artes e a harmonia.
PRUDÊNCIA	Latina – tem a virtude de ser prudente	46	Tem atitude de administradora, além de líder. Sua tendência é resolver os problemas de todos com interferência franca e dominadora. É dinâmica e rápida para tomar decisões. É dedicada aos outros e confia neles. Prefere ser desafiada e por isso quer experimentar e mudar. Porém pode ter resistência ao tentar o novo. Tem atitude impositiva e pode ser controladora.
PURA	Latina – casta	20	Possui um espírito muito conciliador e sua habilidade de mediadora permite que estabeleça uma situação de harmonia entre as pessoas. Procura agradar aos outros e sabe negociar. Gosta de cooperar e de se doar por uma causa, uma relação ou mesmo para superar um conflito. É receptiva e sabe delegar. Acredita no dar e receber.
QUERUBINA	Hebraica – feminino de Querubim	45	Possui uma sensibilidade muito desenvolvida. Porém pode ter dificuldades e, com o medo de lidar com o desconhecido e enfrentar riscos, acaba apegando-se ao passado. Gosta de ensinar os outros e preocupa-se com seus problemas. Precisa aprender a usar a razão, buscando assim o equilíbrio.
RAFAELA	Hebraica – curada por Deus	26	Possui energia de comando e poder, orientada para ajudar as outras pessoas. Prefere ter o controle das situações. Precisa ver o resultado de seus esforços, sua obra e o fruto de seu planejamento mental. Valoriza demasiadamente a opinião dos outros, pois se relaciona com base na emoção.
RAMONA	Inglesa – protetora	26	Possui energia de comando e poder, orientada para ajudar as outras pessoas. Prefere ter o controle das situações. Precisa ver o resultado de seus esforços, sua obra e o fruto de seu planejamento mental. Valoriza demasiadamente a opinião dos outros, pois se relaciona com base na emoção.
RAQUEL	Hebraica – fêmea do carneiro. A preferida de Jacó	29	Exigente e perfeccionista, consegue direcionar sua intensa energia para alcançar seus objetivos. Suas expectativas são altas e não admite falhas. Tem enorme criatividade e inclinação para as artes. Sente uma grande necessidade de se destacar e é competitiva. Gosta de ensinar. Idealista, costuma envolver-se em sonhos e fantasias. É ansiosa e tem dificuldade em valorizar a opinião das outras pessoas.
REBECA	Hebraica – progenitora de Jacó	25	Bastante observadora e atenta a detalhes, pode ter deduções e chegar a conclusões muito refinadas. Muito exigente consigo mesma, não gosta de demonstrar sua fragilidade. Prefere pensar muito antes de tomar decisões. Tem grande intuição e prefere agir com a mente e não com a emoção.

NOME	ORIGEM	ENERGIA	SIGNIFICADO NA NUMEROLOGIA
REGIANE	Italiana – composta de Ana + Regina, a rainha	41	É extremamente criativa e consegue transformar as idéias, geralmente ousadas e futuristas, em realidade. Gosta de resultados práticos, não tem medo de mudanças, porém quer manter o controle da situação. Versátil, entusiasma-se com facilidade e tem coragem diante das adversidades.
REGINA	Latina – rainha	36	Gosta do contato com os outros, pois quer ser a fonte inspiradora. Aprecia aconselhar e prestar serviços. Tem propensão a liderar grandes projetos, mas pode ter dificuldade em organizá-los. É necessário conhecer os limites para não exagerar no cuidado com os outros. É comunicativa e criativa. Pode ter comportamentos extremados como a alegria e a falta de ânimo.
REINA	Latina – rainha	29	Exigente e perfeccionista, consegue direcionar sua intensa energia para alcançar seus objetivos. Suas expectativas são altas e não admite falhas. Tem enorme criatividade e inclinação para as artes. Sente uma grande necessidade de se destacar e é competitiva. Gosta de ensinar. Idealista, costuma envolver-se em sonhos e fantasias. É ansiosa e tem dificuldade em valorizar a opinião das outras pessoas.
RENATA	Latina – aquela que nasceu novamente	23	Aprende com facilidade e pensa rápido. Ambiciosa, tem muitas idéias e precisa ser constantemente desafiada, aplicando aquilo que criou ao dia a dia. Generosa e amigável, relaciona-se sem problemas e pode exercer papel de mediadora quando surge algum conflito. É inquieta e gosta de novidades.
RITA	Latina – alegre, radiante	21	Muito comunicativa e criativa, está sempre pensando em novas alternativas e possibilidades. Sociável e impaciente, preocupa-se em não magoar os outros. Tem uma enorme capacidade de influenciar o ambiente em que está. Possui um humor repleto de altos e baixos. Tem dificuldade em se concentrar em um pensamento ou atividade, dispersando-se com freqüência.
ROBERTA	Germânica – aquela que brilha com a glória	34	Interessada em aprender, está sempre em busca de estímulos diferentes que a façam refletir. Não gosta de limitações e é independente. Possui espírito aventureiro e gosta de experimentar, porém organiza tudo o que está em sua mente. É uma pessoa mais introspectiva e reservada, mas quando se sente dona da situação expressa-se com facilidade. É dotada de grande intuição, o que a ajuda a tomar decisões.
ROMANA	Latina – aquela que vem de Roma	26	Possui energia de comando e poder, orientada para ajudar as outras pessoas. Prefere ter o controle das situações. Precisa ver o resultado de seus esforços, sua obra e o fruto de seu planejamento mental. Valoriza demasiadamente a opinião dos outros, pois se relaciona com base na emoção.
ROMILDA	Germânica – combatente com glória	36	Gosta do contato com os outros, pois quer ser a fonte inspiradora. Aprecia aconselhar e prestar serviços. Tem propensão a liderar grandes projetos, mas pode ter dificuldade em organizá-los. É necessário conhecer os limites para não exagerar no cuidado com os outros. É comunicativa e criativa. Pode ter comportamentos extremados como a alegria e a falta de ânimo.

NOME	ORIGEM	ENERGIA	SIGNIFICADO NA NUMEROLOGIA
ROSA	Latina – o nome de flor. A rosa é a flor mais popular do mundo	17	Tem espírito de detetive e habilidade para resolver qualquer problema. Seu grande poder de concentração ajuda-a a enfrentar as situações mais difíceis. Procura ter um conhecimento mais profundo e mais espiritual da vida. É firme em suas decisões e idéias. É líder e sabe dar ordens.
ROSÁLIA	Latina – rosa pequena	30	Expressa alegria e otimismo, contagiando aqueles que a rodeiam. Tem espírito solidário e gosta de ajudar e cuidar. Aprecia a beleza e as coisas mais simples da vida. É dotada de uma grande necessidade de se sentir útil e querida. Busca a segurança nas relações, embora aprecie a liberdade. Tem um senso artístico apurado e é vaidosa.
ROSANA	Inglesa – rosa graciosa	23	Aprende com facilidade e pensa rápido. Ambiciosa, tem muitas idéias e precisa ser constantemente desafiada, aplicando aquilo que criou ao dia-a-dia. Generosa e amigável, relaciona-se sem problemas e pode exercer papel de mediadora quando surge algum conflito. É inquieta e gosta de novidades.
RUTH	Hebraica – companheira	22	Gosta de grandes desafios. Tem originalidade para resolver problemas, chegando a soluções práticas. Suas opiniões são firmes e tendem a controlar as atitudes e desejos dos outros. Muito séria, relaciona-se com dificuldade, fechando-se a contatos mais íntimos. Rígida, idealista e autocrítica, debate-se freqüentemente entre razão e emoção.
SABRINA	Celta – segundo a lenda, ninfeta que vivia no rio Svern, na Inglaterra	28	Com sua energia de liderança, tem coragem para atingir seus objetivos. Dotada de grande imaginação, dá forma concreta às suas criações mentais. Tem senso artístico, além de notável intuição e excelente capacidade dedutiva. Devido à sua grande tensão interna, poderá ter dificuldades em demonstrar e lidar com suas emoções.
SAFIRA	Hebraica – pedra preciosa de cor azul-celeste	27	Intuitiva e analítica, vive um conflito entre seu lado racional e sua imaginação. Líder vigorosa, encara a vida com idéias criativas e originais. Prefere agir sozinha, pois tem dificuldade em compartilhar seus sentimentos mais profundos. É impulsiva e precisa aprender a ter paciência e disciplina. Possui uma atitude generosa e solidária. Gosta de se sentir útil.
SALETE	Francesa – vem de Nossa Senhora de Salete	17	Tem espírito de detetive e habilidade para resolver qualquer problema. Seu grande poder de concentração ajuda-a a enfrentar as situações mais difíceis. Procura ter um conhecimento mais profundo e mais espiritual da vida. É firme em suas decisões e idéias. É líder e sabe dar ordens.
SALOMÉ	Hebraica – com paz. Nome da esposa de Zebedeu	20	Possui um espírito muito conciliador e sua habilidade de mediadora permite que estabeleça uma situação de harmonia entre as pessoas. Procura agradar aos outros e sabe negociar. Gosta de cooperar e de se doar por uma causa, uma relação ou mesmo para superar um conflito. É receptiva e sabe delegar. Acredita no dar e receber.

NOME	ORIGEM	ENERGIA	SIGNIFICADO NA NUMEROLOGIA
SÁLVIA	Latina – saudável	19	Sabe dirigir grandes projetos. É muito independente e por isso não gosta de ter seu espaço invadido, não dando muita abertura à opinião dos outros. Pode ter atitudes inesperadas, extremadas e sem lógica. Não aprecia o que é convencional. Sente necessidade de se afirmar, mostrar o seu valor e a sua capacidade.
SAMANTA	Aramaica – aquela que ouve	15	Busca a harmonia e o equilíbrio. É muito observadora, extremamente ativa e dinâmica. Generosa e responsável, zela como ninguém pelas suas coisas e pelos que a rodeiam. Teimosa, contesta tudo, e, com sua mente ágil e rápida, tem sempre uma opinião a dar. Comunica-se com facilidade e clareza, e, com seus conselhos, envolve e influencia as outras pessoas.
SAMIRA	Árabe – amiga inseparável	25	Bastante observadora e atenta a detalhes, pode ter deduções e chegar a conclusões muito refinadas. Muito exigente consigo mesma, não gosta de demonstrar sua fragilidade. Prefere pensar muito antes de tomar decisões. Tem grande intuição e prefere agir com a mente e não com a emoção.
SANDRA	Grega – mulher que ajuda a humanidade	21	Muito comunicativa e criativa, está sempre pensando em novas alternativas e possibilidades. Sociável e impaciente, preocupa-se em não magoar os outros. Tem uma enorme capacidade de influenciar o ambiente em que está. Possui um humor repleto de altos e baixos. Tem dificuldade em se concentrar em um pensamento ou atividade, dispersando-se com freqüência.
SANDY	Latina – mulher vinda das areias	18	Muito idealista, pode ter dificuldades para enfrentar obstáculos. Por outro lado, sabe resolver os problemas alheios, dando conselhos valiosos. Tem grande intuição e é bastante sensível. Seu excesso de dramaticidade pode prejudicar a maneira de enfrentar a vida. É intelectual e tem dotes artísticos.
SARA	Árabe – princesa	12	Simpática e amável, sabe convencer seus pares. Porém, quando é muito franca no que fala e opina, acaba afugentando as pessoas. Alegre e cheia de vida, gosta de estar rodeada de amigos. Faz de tudo para ser valorizada e reconhecida. Simples e prática, é uma pessoa de ação. Movida pelo entusiasmo, aprecia situações em que seja intelectualmente desafiada.
SASHA	Grega – variação russa de Alexandra	12	Simpática e amável, sabe convencer seus pares. Porém, quando é muito franca no que fala e opina, acaba afugentando as pessoas. Alegre e cheia de vida, gosta de estar rodeada de amigos. Faz de tudo para ser valorizada e reconhecida. Simples e prática, é uma pessoa de ação. Movida pelo entusiasmo, aprecia situações em que seja intelectualmente desafiada.
SEBASTIANA	Grega – forma feminina de Sebastião	28	Com sua energia de liderança, tem coragem para atingir seus objetivos. Dotada de grande imaginação, dá forma concreta às suas criações mentais. Tem senso artístico, além de notável intuição e excelente capacidade dedutiva. Devido à sua grande tensão interna, poderá ter dificuldades em demonstrar e lidar com suas emoções.

NOME	ORIGEM	ENERGIA	SIGNIFICADO NA NUMEROLOGIA
SELENA	Grega – Lua	20	Possui um espírito muito conciliador e sua habilidade de mediadora permite que estabeleça uma situação de harmonia entre as pessoas. Procura agradar aos outros e sabe negociar. Gosta de cooperar e de se doar por uma causa, uma relação ou mesmo para superar um conflito. É receptiva e sabe delegar. Acredita no dar e receber.
SELENE	Grega – deusa da Lua	24	Atrai relacionamentos com facilidade, pois é muito atenciosa e gentil. Seu jeito responsável e metódico dá segurança a quem a procura. Gosta tanto de agradar e de se envolver nos problemas dos outros que acaba se decepcionando. Aprecia as artes e a beleza. Aprecia atividades em equipe.
SELMA	Árabe – amiga da paz, pacífica	14	Dinamismo, determinação e forte intuição ajudam a estruturar as muitas idéias que vêm à sua mente. Adora novidades, tem enorme necessidade de experimentar o novo e aventurar-se. A versatilidade e a sensualidade são suas marcas registradas. Autoconfiante, gosta de se envolver em grandes empreendimentos.
SERENA	Latina – tranqüila	26	Possui energia de comando e poder, orientada para ajudar as outras pessoas. Prefere ter o controle das situações. Precisa ver o resultado de seus esforços, sua obra e o fruto de seu planejamento mental. Valoriza demasiadamente a opinião dos outros, pois se relaciona com base na emoção.
SERENELA	Latina – variação de Serena. Aquela que traz calma	34	Interessada em aprender, está sempre em busca de estímulos diferentes que a façam refletir. Não gosta de limitações e é independente. Possui espírito aventureiro e gosta de experimentar, porém organiza tudo o que está em sua mente. É uma pessoa mais introspectiva e reservada, mas quando se sente dona da situação expressa-se com facilidade. É dotada de grande intuição, o que a ajuda a tomar decisões.
SHAKIRA	Árabe – agradável	31	É uma lutadora incansável. Prefere mandar a ser mandada. É independente e competitiva e envolve-se com projetos nos quais possa usar a sua imaginação fértil. Imediatista, é agitada e ansiosa. Não sabe esperar e, como prefere o movimento, muitas vezes é impulsiva. Aprecia as artes, é comunicativa e receptiva. Tem para si grandes expectativas e sente-se contrariada se não as concretiza.
SHEILA	Irlandesa – a que não enxerga bem	27	Intuitiva e analítica, vive um conflito entre seu lado racional e sua imaginação. Líder vigorosa, encara a vida com idéias criativas e originais. Prefere agir sozinha, pois tem dificuldade em compartilhar seus sentimentos mais profundos. É impulsiva e precisa aprender a ter paciência e disciplina. Possui uma atitude generosa e solidária. Gosta de se sentir útil.
SHIRLEY	Inglesa – bosque ensolarado	42	Tem um jeito afetuoso e gosta de cooperar. Demora a tomar decisões, dependendo do apoio dos outros. Prefere estar sempre rodeada de amigos e da família. Bastante compreensiva, pondera todos os pontos de vista. Pode ser muito vulnerável às emoções, já que é bastante sensível. Valoriza as artes e a harmonia.

NOME	ORIGEM	ENERGIA	SIGNIFICADO NA NUMEROLOGIA
SILMARA	Germânica – nobre vitoriosa	28	Com sua energia de liderança, tem coragem para atingir seus objetivos. Dotada de grande imaginação, dá forma concreta às suas criações mentais. Tem senso artístico, além de notável intuição e excelente capacidade dedutiva. Devido à sua grande tensão interna, poderá ter dificuldades em demonstrar e lidar com suas emoções.
SÍLVIA	Latina – mulher da selva	27	Intuitiva e analítica, vive um conflito entre seu lado racional e sua imaginação. Líder vigorosa, encara a vida com idéias criativas e originais. Prefere agir sozinha, pois tem dificuldade em compartilhar seus sentimentos mais profundos. É impulsiva e precisa aprender a ter paciência e disciplina. Possui uma atitude generosa e solidária. Gosta de se sentir útil.
SIMONE	Hebraica – aquela que escuta	30	Expressa alegria e otimismo, contagiando aqueles que a rodeiam. Tem espírito solidário e gosta de ajudar e cuidar. Aprecia a beleza e as coisas mais simples da vida. É dotada de uma grande necessidade de se sentir útil e querida. Busca a segurança nas relações, embora aprecie a liberdade. Tem um senso artístico apurado e é vaidosa.
SOCORRO	Latina – disposta a ajudar	40	É metódica e muito detalhista. Gosta da lógica e da ordem. Muito exigente, adora pesquisar, procurando fundamentar solidamente seus planos e idéias. Busca respostas profundas e sabe o que quer. Auxilia os outros com seu conhecimento. No entanto, pode ser muito fechada em sua maneira de ser e muito rígida nas suas crenças.
SOFIA	Grega – sabedoria	23	Aprende com facilidade e pensa rápido. Ambiciosa, tem muitas idéias e precisa ser constantemente desafiada, aplicando aquilo que criou ao dia-a-dia. Generosa e amigável, relaciona-se sem problemas e pode exercer papel de mediadora quando surge algum conflito. É inquieta e gosta de novidades.
SOLANGE	Latina – religiosa	28	Com sua energia de liderança, tem coragem para atingir seus objetivos. Dotada de grande imaginação, dá forma concreta às suas criações mentais. Tem senso artístico, além de notável intuição e excelente capacidade dedutiva. Devido à sua grande tensão interna, poderá ter dificuldades em demonstrar e lidar com suas emoções.
SÔNIA	Grega – sábia, pensadora	22	Gosta de grandes desafios. Tem originalidade para resolver problemas, chegando a soluções práticas. Suas opiniões são firmes e tendem a controlar as atitudes e desejos dos outros. Muito séria, relaciona-se com dificuldade, fechando-se a contatos mais íntimos. Rígida, idealista e autocrítica, debate-se freqüentemente entre razão e emoção.
SORAYA	Árabe – estrela da manhã, planeta Vênus	25	Bastante observadora e atenta a detalhes, pode ter deduções e chegar a conclusões muito refinadas. Muito exigente consigo mesma, não gosta de demonstrar sua fragilidade. Prefere pensar muito antes de tomar decisões. Tem grande intuição e prefere agir com a mente e não com a emoção.

NOME	ORIGEM	ENERGIA	SIGNIFICADO NA NUMEROLOGIA
STEPHANIE	Inglesa – coroada de louros, vitoriosa	43	Introspectiva e reservada, é dotada de uma forte individualidade. Independente, possui uma abordagem prática frente à vida. É produtiva e gosta de analisar tudo, muitas vezes de forma exagerada. Com isso, pode levar tempo para tomar uma decisão.
SUELI	Germânica – luz	21	Muito comunicativa e criativa, está sempre pensando em novas alternativas e possibilidades. Sociável e impaciente, preocupa-se em não magoar os outros. Tem uma enorme capacidade de influenciar o ambiente em que está. Possui um humor repleto de altos e baixos. Tem dificuldade em se concentrar em um pensamento ou atividade, dispersando-se com freqüência.
SUZANA	Bíblica – flor do lírio	19	Sabe dirigir grandes projetos. É muito independente e por isso não gosta de ter seu espaço invadido, não dando muita abertura à opinião dos outros. Pode ter atitudes inesperadas, extremadas e sem lógica. Não aprecia o que é convencional. Sente necessidade de se afirmar, mostrar o seu valor e a sua capacidade.
SUZETTE	Hebraica – a flor lilás	26	Possui energia de comando e poder, orientada para ajudar as outras pessoas. Prefere ter o controle das situações. Precisa ver o resultado de seus esforços, sua obra e o fruto de seu planejamento mental. Valoriza demasiadamente a opinião dos outros, pois se relaciona com base na emoção.
TABATHA	Hebraica – delicada como uma gazela	17	Tem espírito de detetive e habilidade para resolver qualquer problema. Seu grande poder de concentração ajuda-a a enfrentar as situações mais difíceis. Procura ter um conhecimento mais profundo e mais espiritual da vida. É firme em suas decisões e idéias. É líder e sabe dar ordens.
TÂNIA	Eslava – a rainha das fadas	18	Muito idealista, pode ter dificuldades para enfrentar obstáculos. Por outro lado, sabe resolver os problemas alheios, dando conselhos valiosos. Tem grande intuição e é bastante sensível. Seu excesso de dramaticidade pode prejudicar a maneira de enfrentar a vida. É intelectual e tem dotes artísticos.
TATIANA	Latina – forma feminina de Tatius, nome de um clã romano	21	Muito comunicativa e criativa, está sempre pensando em novas alternativas e possibilidades. Sociável e impaciente, preocupa-se em não magoar os outros. Tem uma enorme capacidade de influenciar o ambiente em que está. Possui um humor repleto de altos e baixos. Tem dificuldade em se concentrar em um pensamento ou atividade, dispersando-se com freqüência.
TELMA	Grega – cheia de vontade	15	Busca a harmonia e o equilíbrio. É muito observadora, extremamente ativa e dinâmica. Generosa e responsável, zela como ninguém pelas suas coisas e pelos que a rodeiam. Teimosa, contesta tudo, e, com sua mente ágil e rápida, tem sempre uma opinião a dar. Comunica-se com facilidade e clareza, e, com seus conselhos, envolve e influencia as outras pessoas.

NOME	ORIGEM	ENERGIA	SIGNIFICADO NA NUMEROLOGIA
TERESA	Grega – aquela que leva as espigas de trigo	23	Aprende com facilidade e pensa rápido. Ambiciosa, tem muitas idéias e precisa ser constantemente desafiada, aplicando aquilo que criou ao dia-a-dia. Generosa e amigável, relaciona-se sem problemas e pode exercer papel de mediadora quando surge algum conflito. É inquieta e gosta de novidades.
THAÍS	Grega – união	21	Muito comunicativa e criativa, está sempre pensando em novas alternativas e possibilidades. Sociável e impaciente, preocupa-se em não magoar os outros. Tem uma enorme capacidade de influenciar o ambiente em que está. Possui um humor repleto de altos e baixos. Tem dificuldade em se concentrar em um pensamento ou atividade, dispersando-se com freqüência.
ÚRSULA	Latina – graciosa como um filhote de urso	20	Possui um espírito muito conciliador e sua habilidade de mediadora permite que estabeleça uma situação de harmonia entre as pessoas. Procura agradar aos outros e sabe negociar. Gosta de cooperar e de se doar por uma causa, uma relação ou mesmo para superar um conflito. É receptiva e sabe delegar. Acredita no dar e receber.
VALENTINA	Latina – forte	35	Gosta de se envolver em projetos diferenciados nos quais possa exercer a liderança. É bastante prática, o que a torna uma pessoa ágil. Chega a conclusões rapidamente. Busca a estabilidade e a segurança, não se arriscando sem ter conhecimento das possibilidades reais. Gosta de ter liberdade de ação. Impaciente, tem pavio curto. É exigente e controladora.
VALÉRIA	Latina – saudável	32	Comunica-se com facilidade e convence as pessoas com suas idéias originais. Gosta de fazer e cultivar muitas amizades. Aprecia viagens, precisa sentir-se livre e sempre em movimento. Gosta de mudar e conhecer novos ambientes. Atua com criatividade. Charmosa, tem facilidade para assumir a liderança nas mais variadas situações.
VANDA	Germânica – peregrina	15	Busca a harmonia e o equilíbrio. É muito observadora, extremamente ativa e dinâmica. Generosa e responsável, zela como ninguém pelas suas coisas e pelos que a rodeiam. Teimosa, contesta tudo, e, com sua mente ágil e rápida, tem sempre uma opinião a dar. Comunica-se com facilidade e clareza, e, com seus conselhos, envolve e influencia as outras pessoas.
VANESSA	Grega – a mariposa	18	Muito idealista, pode ter dificuldades para enfrentar obstáculos. Por outro lado, sabe resolver os problemas alheios, dando conselhos valiosos. Tem grande intuição e é bastante sensível. Seu excesso de dramaticidade pode prejudicar a maneira de enfrentar a vida. É intelectual e tem dotes artísticos.
VÂNIA	Russa – presente de Deus	20	Possui um espírito muito conciliador e sua habilidade de mediadora permite que estabeleça uma situação de harmonia entre as pessoas. Procura agradar aos outros e sabe negociar. Gosta de cooperar e de se doar por uma causa, uma relação ou mesmo para superar um conflito. É receptiva e sabe delegar. Acredita no dar e receber.

NOME	ORIGEM	ENERGIA	SIGNIFICADO NA NUMEROLOGIA
VERA	Latina – verdadeira	19	Sabe dirigir grandes projetos. É muito independente e por isso não gosta de ter seu espaço invadido, não dando muita abertura à opinião dos outros. Pode ter atitudes inesperadas, extremadas e sem lógica. Não aprecia o que é convencional. Sente necessidade de se afirmar, mostrar o seu valor e a sua capacidade.
VERÔNICA	Latina – imagem da verdade	42	Tem um jeito afetuoso e gosta de cooperar. Demora a tomar decisões, dependendo do apoio dos outros. Prefere estar sempre rodeada de amigos e da família. Bastante compreensiva, pondera todos os pontos de vista. Pode ser muito vulnerável às emoções, já que é bastante sensível. Valoriza as artes e a harmonia.
VILMA	Germânica – vitória	21	Muito comunicativa e criativa, está sempre pensando em novas alternativas e possibilidades. Sociável e impaciente, preocupa-se em não magoar os outros. Tem uma enorme capacidade de influenciar o ambiente em que está. Possui um humor repleto de altos e baixos. Tem dificuldade em se concentrar em um pensamento ou atividade, dispersando-se com freqüência.
VIOLETA	Latina – a flor da violeta (símbolo de modéstia)	30	Expressa alegria e otimismo, contagiando aqueles que a rodeiam. Tem espírito solidário e gosta de ajudar e cuidar. Aprecia a beleza e as coisas mais simples da vida. É dotada de uma grande necessidade de se sentir útil e querida. Busca a segurança nas relações, embora aprecie a liberdade. Tem um senso artístico apurado e é vaidosa.
VIRGÍLIA	Latina – frescor	51	Simpática e rica em idéias, é dotada de um grande poder de liderança. Independente e alerta, repara em tudo. Muito desconfiada, prefere controlar a ser controlada. Deseja que tudo seja perfeito. Falta-lhe agir com mais humildade, assim como aprender a lidar com as críticas.
VIRGÍNIA	Latina – virgem	53	Gosta de ser a autoridade. Muito rígida, é dotada de atitude bastante racional. Prefere estar na liderança, porém seu jeito de ser exigente pode prejudicar suas atividades e seus relacionamentos. Tem sempre uma solução para os problemas mais difíceis. É desconfiada e possessiva. Sabe organizar e é eficiente.
VITÓRIA	Latina – vencedora	40	É metódica e muito detalhista. Gosta da lógica e da ordem. Muito exigente, adora pesquisar, procurando fundamentar solidamente seus planos e idéias. Busca respostas profundas e sabe o que quer. Auxilia os outros com seu conhecimento. No entanto, pode ser muito fechada em sua maneira de ser e muito rígida nas suas crenças.
VIVIANE	Latina – fada das antigas lendas	37	É pioneira, gosta de ser desafiada e também estimula as outras pessoas com sua energia. Tem prazer em se relacionar, é simpática, amável e expansiva. Preocupada com o futuro, quer logo chegar a conclusões. Possui grande agilidade mental, tem conversa agradável e é fértil em idéias.

NOME	ORIGEM	ENERGIA	SIGNIFICADO NA NUMEROLOGIA
WALKIRIA	Escandinava – aquela que escolhe quem será sacrificado	39	Envolve-se com a comunidade, preocupando-se em trazer alegria às outras pessoas. É intensa, apaixonada, possessiva e ciumenta. Dá soluções criativas e decisivas para superar situações críticas e aparentemente impossíveis. Quer ensinar e tem um espírito empreendedor. Porém pode perder rapidamente o interesse e abandonar projetos sem concluí-los. Pode ser muito rígida consigo mesma. Muitas vezes é impaciente, agindo de forma brusca e ríspida.
WANDA	Germânica – aquela que peregrina pelos campos	16	É uma amiga leal, bastante intuitiva e criativa. Líder por natureza, tem magnetismo e atrai as pessoas. Perfeccionista, não gosta que interfiram em seus planos. Parece solitária porque busca o isolamento, mas sente enorme necessidade de estar rodeada de amigos e parentes. Busca analisar tudo de maneira lógica e racional.
YARA	Brasileira, guarani – deusa das águas, a senhora da minha casa	18	Muito idealista, pode ter dificuldades para enfrentar obstáculos. Por outro lado, sabe resolver os problemas alheios, dando conselhos valiosos. Tem grande intuição e é bastante sensível. Seu excesso de dramaticidade pode prejudicar a maneira de enfrentar a vida. É intelectual e tem dotes artísticos.
YOLANDA	Latina – a que trabalha muito	27	Intuitiva e analítica, vive um conflito entre seu lado racional e sua imaginação. Líder vigorosa, encara a vida com idéias criativas e originais. Prefere agir sozinha, pois tem dificuldade em compartilhar seus sentimentos mais profundos. É impulsiva e precisa aprender a ter paciência e disciplina. Possui uma atitude generosa e solidária. Gosta de se sentir útil.
ZILDA	Germânica – mulher guerreira	25	Bastante observadora e atenta a detalhes, pode ter deduções e chegar a conclusões muito refinadas. Muito exigente consigo mesma, não gosta de demonstrar sua fragilidade. Prefere pensar muito antes de tomar decisões. Tem grande intuição e prefere agir com a mente e não com a emoção.
ZORAIDA	Árabe – mulher cativante, sedutora	38	Idealista, quer fazer mudanças em tudo. Tem necessidade de se envolver com outras pessoas e ser responsável por elas. Influencia os outros com suas opiniões e maneira de ser. É generosa e possui uma preocupação que vai além do mundo material. Tem grandes oscilações de humor. Ansiosa, não goza de muita paciência para aguardar os resultados de seus projetos e atitudes.
ZULEICA	Árabe – justa	32	Comunica-se com facilidade e convence as pessoas com suas idéias originais. Gosta de fazer e cultivar muitas amizades. Aprecia viagens, precisa sentir-se livre e sempre em movimento. Gosta de mudar e conhecer novos ambientes. Atua com criatividade. Charmosa, tem facilidade para assumir a liderança nas mais variadas situações.
ZULEMA	Hebraica – amante da paz	24	Atrai muitos relacionamentos com facilidade, pois é muito atenciosa e gentil. Seu jeito responsável e metódico dá segurança a quem a procura. Gosta tanto de agradar e de se envolver nos problemas dos outros que acaba se decepcionando. Aprecia as artes, a beleza e atividades em equipe.

NOME	ORIGEM	ENERGIA	SIGNIFICADO NA NUMEROLOGIA
ABEL	Hebraica – vaidoso e imbuído de muita coragem	11	Sensível às outras pessoas, dá força a elas. Responsável, tem sempre uma maneira prática e lógica de analisar e resolver problemas e enfrentar desafios. Reservado e introspectivo, revela sua grande força espiritual aprendendo diante de qualquer situação. É fonte de inspiração para os outros e tem fortes dons artísticos.
ADALBERTO	Germânica – pertencente à nobreza	33	Dotado de muita coragem, aprecia ajudar os amigos nas situações mais embaraçosas. Sentimental e preocupado com os problemas dos outros, emociona-se com facilidade. Tende a aceitar uma situação difícil para não desestabilizar a harmonia do lar, do trabalho ou de suas amizades.
ADÃO	Hebraica – homem de barro, criado da terra	12	Simpático e amável, sabe convencer seus pares. Porém, quando é muito franco no que fala e opina, acaba afugentando as pessoas. Alegre e cheio de vida, gosta de estar rodeado de amigos. Faz de tudo para ser valorizado e reconhecido. Simples e prático, é uma pessoa de ação. Movido pelo entusiasmo, aprecia situações em que seja intelectualmente desafiado.
ADELMO	Germânica – nobre protetor	23	Aprende com facilidade e pensa rápido. Ambicioso, tem muitas idéias e precisa ser constantemente desafiado, aplicando aquilo que criou ao dia-a-dia. Generoso e amigável, relaciona-se sem problemas e pode exercer papel de mediador quando surge algum conflito. É inquieto e gosta de novidades.
ADEMAR	Germânica – homem que é ilustre por suas batalhas	24	Atrai muitos relacionamentos com facilidade, pois é muito atencioso e gentil. Seu jeito responsável e metódico dá segurança a quem o procura. Gosta tanto de agradar e de se envolver nos problemas dos outros que acaba se decepcionando. Aprecia as artes, a beleza e atividades em equipe.
ADO	Hebraica – aquele que traz alegria	11	Sensível às outras pessoas, dá força a elas. Responsável, tem sempre uma maneira prática e lógica de analisar e resolver problemas e enfrentar desafios. Reservado e introspectivo, revela sua grande força espiritual aprendendo diante de qualquer situação. É fonte de inspiração para os outros e tem fortes dons artísticos.
ADOLFO	Germânica – lobo nobre	26	Tem energia de comando e poder, orientada para ajudar as outras pessoas. Prefere ser o controlador das situações. Precisa ver o resultado de seus esforços, sua obra e o fruto de seu planejamento mental. Valoriza demasiadamente a opinião dos outros, pois se relaciona com base na emoção.
ADRIANO	Latina – masculino de Adriana. Variação: Adrián	35	Gosta de se envolver em projetos diferenciados nos quais possa exercer a liderança. É bastante prático, o que o torna uma pessoa ágil. Chega a conclusões rapidamente. Busca a estabilidade e a segurança, não se arriscando sem ter conhecimento das possibilidades reais. Gosta de ter liberdade de ação. Impaciente, tem pavio curto. É exigente e controlador.

NOME	ORIGEM	ENERGIA	SIGNIFICADO NA NUMEROLOGIA
AFONSO	Germânica – guerreiro preparado para a luta	25	Bastante observador e atento a detalhes, pode ter deduções e chegar a conclusões muito refinadas. Muito exigente consigo mesmo, não gosta de demonstrar sua fragilidade. Prefere pensar muito antes de tomar decisões. Tem grande intuição e prefere agir com a mente e não com a emoção.
ALAN	Celta – homem imponente, dedicado	10	Reage às situações de maneira direta, pronto para encontrar uma solução inovadora e rápida. Precisa estar sempre motivado. Sabe influenciar as pessoas, deseja dar as ordens, mas sua presença é de harmonia. Não gosta de tratar de detalhes. Deve controlar a tendência a desejar tudo na hora. Prefere agir sozinho, pois é muito criativo e original.
ALBANO	Latina – aquele que pertence à Casa dos Alba	18	Muito idealista, pode ter dificuldades para enfrentar obstáculos. Por outro lado, sabe resolver os problemas alheios, dando conselhos valiosos. Tem grande intuição e é bastante sensível. Seu excesso de dramaticidade pode prejudicar a maneira de enfrentar a vida. É intelectual e tem dotes artísticos.
ALBERTO	Germânica – pessoa ilustre e famosa, aquele que brilha pela sua nobreza	28	Com sua energia de liderança, tem coragem para atingir seus objetivos. Dotado de grande imaginação, dá forma concreta às suas criações mentais. Tem senso artístico, além de grande intuição e excelente capacidade dedutiva. Devido à sua grande tensão interna, poderá ter dificuldades em demonstrar e lidar com suas emoções.
ALBINO	Latina – de pele muito branca	26	Tem energia de comando e poder, orientada para ajudar as outras pessoas. Prefere ser o controlador das situações. Precisa ver o resultado de seus esforços, sua obra e o fruto de seu planejamento mental. Valoriza demasiadamente a opinião dos outros, pois se relaciona com base na emoção.
ALDO	Celta – aquele que é experiente, sábio e nobre	14	Dinamismo, determinação e forte intuição ajudam a estruturar as muitas idéias que vêm à sua mente. Adora novidades, tem enorme necessidade de experimentar o novo e aventurar-se. A versatilidade e a sensualidade são suas marcas registradas. Autoconfiante, gosta de se envolver em grandes empreendimentos.
ALEXANDRE	Grega – o protetor dos homens	39	Envolve-se com a comunidade, preocupando-se em trazer alegria às outras pessoas. É intenso, apaixonado, possessivo e ciumento. Dá soluções criativas e decisivas para superar situações críticas e aparentemente impossíveis. Quer ensinar e tem um espírito empreendedor. Porém pode perder rapidamente o interesse e abandonar projetos sem concluí-los. Pode ser muito rígido consigo mesmo. Muitas vezes é impaciente, agindo de forma brusca e ríspida.
ALFREDO	Germânica – conselheiro, pronto para ajudar	34	Interessado em aprender, está sempre em busca de estímulos diferentes que o façam refletir. Não gosta de limitações e é independente. Possui espírito aventureiro e gosta de experimentar, porém organiza tudo o que está em sua mente. É uma pessoa mais introspectiva e reservada, mas quando se sente dono da situação expressa-se com facilidade. É dotado de grande intuição, o que o ajuda a tomar decisões.

NOME	ORIGEM	ENERGIA	SIGNIFICADO NA NUMEROLOGIA
ALMIR	Germânica – ilustre pela nobreza	26	Tem energia de comando e poder, orientada para ajudar as outras pessoas. Prefere ser o controlador das situações. Precisa ver o resultado de seus esforços, sua obra e o fruto de seu planejamento mental. Valoriza demasiadamente a opinião dos outros, pois se relaciona com base na emoção.
ALOÍSIO	Latina – dotado de prudência	35	Gosta de se envolver em projetos diferenciados nos quais possa exercer a liderança. É bastante prático, o que o torna uma pessoa ágil. Chega a conclusões rapidamente. Busca a estabilidade e a segurança, não se arriscando sem ter conhecimento das possibilidades reais. Gosta de ter liberdade de ação. Impaciente, tem pavio curto. É exigente e controlador.
ÁLVARO	Germânica – pessoa prudente e que dá atenção a todos	24	Atrai muitos relacionamentos com facilidade, pois é muito atencioso e gentil. Seu jeito responsável e metódico dá segurança a quem o procura. Gosta tanto de agradar e de se envolver nos problemas dos outros que acaba se decepcionando. Aprecia as artes, a beleza e atividades em equipe.
AMADEU	Latina – aquele que ama Deus	18	Muito idealista, pode ter dificuldades para enfrentar obstáculos. Por outro lado, sabe resolver os problemas alheios, dando conselhos valiosos. Tem grande intuição e é bastante sensível. Seu excesso de dramaticidade pode prejudicar a maneira de enfrentar a vida. É intelectual e tem dotes artísticos.
AMADOR	Latina – pessoa que ama, pródiga em amar a todos	25	Bastante observador e atento a detalhes, pode ter deduções e chegar a conclusões muito refinadas. Muito exigente consigo mesmo, não gosta de demonstrar sua fragilidade. Prefere pensar muito antes de tomar decisões. Tem grande intuição e prefere agir com a mente e não com a emoção.
AMÂNDIO	Latina – aquele que ama Deus	30	Expressa alegria e otimismo, contagiando aqueles que o rodeiam. Tem espírito solidário e gosta de ajudar e cuidar. Aprecia a beleza e as coisas mais simples da vida. É dotado de uma grande necessidade de se sentir útil e querido. Busca a segurança nas relações, embora aprecie a liberdade. Tem um senso artístico apurado e é vaidoso.
AMÉRICO	Germânica – aquele que governa a pátria. Príncipe ativo e trabalhador	37	É pioneiro, gosta de ser desafiado e também estimula as outras pessoas com sua energia. Tem prazer em se relacionar, é simpático, amável e expansivo. Preocupado com o futuro, quer logo chegar a conclusões. Possui grande agilidade mental, conversa agradável e é fértil em idéias.
AMÍLCAR	Púnica – aquele que governa a cidade	30	Expressa alegria e otimismo, contagiando aqueles que o rodeiam. Tem espírito solidário e gosta de ajudar e cuidar. Aprecia a beleza e as coisas mais simples da vida. É dotado de uma grande necessidade de se sentir útil e querido. Busca a segurança nas relações, embora aprecie a liberdade. Tem um senso artístico apurado e é vaidoso.

NOME	ORIGEM	ENERGIA	SIGNIFICADO NA NUMEROLOGIA
ANDERSON	Basca/escandinava – homem forte e viril	36	Gosta do contato com os outros, pois quer ser a fonte inspiradora. Aprecia aconselhar e prestar serviços. Tem propensão a liderar grandes projetos, mas pode ter dificuldade em organizá-los. É necessário conhecer os limites para não exagerar no cuidado com os outros. É comunicativo e criativo. Pode ter comportamentos extremados como a alegria e a falta de ânimo.
ANDRÉ	Grega – homem viril, ilustre	24	Atrai muitos relacionamentos com facilidade, pois é muito atencioso e gentil. Seu jeito responsável e metódico dá segurança a quem o procura. Gosta tanto de agradar e de se envolver nos problemas dos outros que acaba se decepcionando. Aprecia as artes, a beleza e atividades em equipe.
ÂNGELO	Grega – o mensageiro de Deus	27	Intuitivo e analítico, vive um conflito entre seu lado racional e sua imaginação. Líder vigoroso, encara a vida com idéias criativas e originais. Prefere agir sozinho, pois tem dificuldade em compartilhar seus sentimentos mais profundos. É impulsivo e precisa aprender a ter paciência e disciplina. Possui uma atitude generosa e solidária. Gosta de se sentir útil.
ANÍBAL	Púnica – aquele que possui a graça de Deus	21	Muito comunicativo e criativo, está sempre pensando em novas alternativas e possibilidades. Sociável e impaciente, preocupa-se em não magoar os outros. Tem uma enorme capacidade de influenciar o ambiente em que está. Possui um humor repleto de altos e baixos. Tem dificuldade em se concentrar em um pensamento ou atividade, dispersando-se com freqüência.
ANSELMO	Germânica – aquele que é protegido por Deus	25	Bastante observador e atento a detalhes, pode ter deduções e chegar a conclusões muito refinadas. Muito exigente consigo mesmo, não gosta de demonstrar sua fragilidade. Prefere pensar muito antes de tomar decisões. Tem grande intuição e prefere agir com a mente e não com a emoção.
ANTÔNIO	Grega – aquele que é belo como uma flor	34	Interessado em aprender, está sempre em busca de estímulos diferentes que o façam refletir. Não gosta de limitações e é independente. Possui espírito aventureiro e gosta de experimentar, porém organiza tudo o que está em sua mente. É uma pessoa mais introspectiva e reservada, mas quando se sente dono da situação expressa-se com facilidade. É dotado de grande intuição, o que o ajuda a tomar decisões.
APOLO	Grega – aquele que dá a vida. Deus grego	23	Aprende com facilidade e pensa rápido. Ambicioso, tem muitas idéias e precisa ser constantemente desafiado, aplicando aquilo que criou ao dia-a-dia. Generoso e amigável, relaciona-se sem problemas e pode exercer papel de mediador quando surge algum conflito. É inquieto e gosta de novidades.
ARIEL	Hebraica – o leão de Deus	27	Intuitivo e analítico, vive um conflito entre seu lado racional e sua imaginação. Líder vigoroso, encara a vida com idéias criativas e originais. Prefere agir sozinho, pois tem dificuldade em compartilhar seus sentimentos mais profundos. É impulsivo e precisa aprender a ter paciência e disciplina. Possui uma atitude generosa e solidária. Gosta de se sentir útil.

NOME	ORIGEM	ENERGIA	SIGNIFICADO NA NUMEROLOGIA
ARMANDO	Germânica – homem de armas, guerreiro	30	Expressa alegria e otimismo, contagiando aqueles que o rodeiam. Tem espírito solidário e gosta de ajudar e cuidar. Aprecia a beleza e as coisas mais simples da vida. É dotado de uma grande necessidade de se sentir útil e querido. Busca a segurança nas relações, embora aprecie a liberdade. Tem um senso artístico apurado e é vaidoso.
ARNALDO	Germânica – aquele que protege	29	Exigente e perfeccionista, consegue direcionar sua intensa energia para alcançar seus objetivos. Suas expectativas são altas e não admite falhas. Tem enorme criatividade e inclinação para as artes. Sente grande necessidade de se destacar e é competitivo. Gosta de ensinar. Idealista, costuma envolver-se em sonhos e fantasias. É ansioso e tem dificuldade em valorizar a opinião das outras pessoas.
ARTUR	Celta – o guardião da Estrela de Arturo	24	Atrai muitos relacionamentos com facilidade, pois é muito atencioso e gentil. Seu jeito responsável e metódico dá segurança a quem o procura. Gosta tanto de agradar e de se envolver nos problemas dos outros que acaba se decepcionando. Aprecia as artes, a beleza e atividades em equipe.
ATÍLIO	Latina – favorito do avô	30	Expressa alegria e otimismo, contagiando aqueles que o rodeiam. Tem espírito solidário e gosta de ajudar e cuidar. Aprecia a beleza e as coisas mais simples da vida. É dotado de uma grande necessidade de se sentir útil e querido. Busca a segurança nas relações, embora aprecie a liberdade. Tem um senso artístico apurado e é vaidoso.
AUGUSTO	Latina – aquele que merece ser famoso	23	Aprende com facilidade e pensa rápido. Ambicioso, tem muitas idéias e precisa ser constantemente desafiado, aplicando aquilo que criou ao dia-a-dia. Generoso e amigável, relaciona-se sem problemas e pode exercer papel de mediador quando surge algum conflito. É inquieto e gosta de novidades.
AURELIANO	Latina – variação de Aurélio	42	Tem um jeito afetuoso e gosta de cooperar. Demora a tomar decisões, dependendo do apoio dos outros. Prefere estar sempre rodeado de amigos e da família. Bastante compreensivo, pondera todos os pontos de vista. Pode ser muito vulnerável às emoções, já que é bastante sensível. Valoriza as artes e a harmonia.
AURÉLIO	Latina – homem que vale ouro	36	Gosta do contato com os outros, pois quer ser a fonte inspiradora. Aprecia aconselhar e prestar serviços. Tem propensão a liderar grandes projetos, mas pode ter dificuldade em organizá-los. É necessário conhecer os limites para não exagerar no cuidado com os outros. É comunicativo e criativo. Pode ter comportamentos extremados como a alegria e a falta de ânimo.
ÁUREO	Latina – aquele que vale ouro	24	Atrai muitos relacionamentos com facilidade, pois é muito atencioso e gentil. Seu jeito responsável e metódico dá segurança a quem o procura. Gosta tanto de agradar e de se envolver nos problemas dos outros que acaba se decepcionando. Aprecia as artes, a beleza e atividades em equipe.

NOME	ORIGEM	ENERGIA	SIGNIFICADO NA NUMEROLOGIA
AXEL	Hebraica – o senhor da paz	15	Busca a harmonia e o equilíbrio. É muito observador, extremamente ativo e dinâmico. Generoso e responsável, zela como ninguém pelas suas coisas e pelos que o rodeiam. Teimoso, contesta tudo, e, com sua mente ágil e rápida, tem sempre uma opinião a dar. Comunica-se com facilidade e clareza, e, com seus conselhos, envolve e influencia as outras pessoas.
BALTASAR	Assíria – aquele que é protegido por Deus	20	Possui um espírito muito conciliador e sua habilidade de mediador permite que estabeleça uma situação de harmonia entre as pessoas. Procura agradar aos outros e sabe negociar. Gosta de cooperar e de se doar por uma causa, uma relação ou mesmo para superar um conflito. É receptivo e sabe delegar. Acredita no dar e receber.
BATISTA	Grega – aquele que batiza. Variação de Baptista	18	Muito idealista, pode ter dificuldades para enfrentar obstáculos. Por outro lado, sabe resolver os problemas alheios, dando conselhos valiosos. Tem grande intuição e é bastante sensível. Seu excesso de dramaticidade pode prejudicar a maneira de enfrentar a vida. É intelectual e tem dotes artísticos.
BARTOLOMEU	Hebraica – o filho que tem o poder das águas	41	É extremamente criativo e consegue transformar as idéias, geralmente ousadas e futuristas, em realidade. Gosta de resultados práticos, não tem medo de mudanças, porém quer manter o controle da situação. Versátil, entusiasma-se com facilidade e tem coragem diante das adversidades.
BASÍLIO	Grega – o soberano, o rei	31	É um lutador incansável. Prefere mandar a ser mandado. É independente e competitivo e envolve-se com projetos nos quais possa usar a sua fértil imaginação. Imediatista, é agitado e ansioso. Não sabe esperar e, como prefere o movimento, muitas vezes é impulsivo. Aprecia as artes, é comunicativo e receptivo. Tem para si grandes expectativas e sente-se contrariado se não as concretiza.
BENITO	Latina – aquele que é famoso	29	Exigente e perfeccionista, consegue direcionar sua intensa energia para alcançar seus objetivos. Suas expectativas são altas e não admite falhas. Tem enorme criatividade e inclinação para as artes. Sente grande necessidade de se destacar e é competitivo. Gosta de ensinar. Idealista, costuma envolver-se em sonhos e fantasias. É ansioso e tem dificuldade em valorizar a opinião das outras pessoas.
BENJAMIM	Hebraica – o filho preferido	31	É um lutador incansável. Prefere mandar a ser mandado. É independente e competitivo e envolve-se com projetos nos quais possa usar a sua fértil imaginação. Imediatista, é agitado e ansioso. Não sabe esperar e, como prefere o movimento, muitas vezes é impulsivo. Aprecia as artes, é comunicativo e receptivo. Tem para si grandes expectativas e sente-se contrariado se não as concretiza.
BERNARDINO	Germânica – variação de Bernardo	55	Observador, gosta também de pesquisar e aprofundar-se em cada questão. Tem um excelente talento para a comunicação. É intenso em suas reações e atitudes, acreditando piamente na justiça e na ordem. Procura sempre modificar as situações vigentes. É dotado de um espírito altamente independente e, ao tomar uma decisão, é quase impossível detê-lo ou fazer com que mude de opinião.

NOME	ORIGEM	ENERGIA	SIGNIFICADO NA NUMEROLOGIA
BERNARDO	Germânica – aquele que é forte e ousado	41	É extremamente criativo e consegue transformar as idéias, geralmente ousadas e futuristas, em realidade. Gosta de resultados práticos, não tem medo de mudanças, porém quer manter o controle da situação. Versátil, entusiasma-se com facilidade e tem coragem diante das adversidades.
BONIFÁCIO	Latina – homem de bem, que ajuda a todos	47	Tem grande magnetismo, atraindo todos. É idealista e busca a harmonia, conciliando fatos e pessoas. Sua abordagem nem sempre é muito prática, pois acha que as soluções são mágicas e fantasiosas. Gosta de ensinar e de influenciar os outros. Muito instável, tem dificuldades em equilibrar suas emoções com o seu lado racional.
BÓRIS	Eslava – lutador, combatente	27	Intuitivo e analítico, vive um conflito entre seu lado racional e sua imaginação. Líder vigoroso, encara a vida com idéias criativas e originais. Prefere agir sozinho, pois tem dificuldade em compartilhar seus sentimentos mais profundos. É impulsivo e precisa aprender a ter paciência e disciplina. Possui uma atitude generosa e solidária. Gosta de se sentir útil.
BRANDÃO	Inglesa – espada veloz	28	Com sua energia de liderança, tem coragem para atingir seus objetivos. Dotado de grande imaginação, dá forma concreta às suas criações mentais. Tem senso artístico, além de grande intuição e excelente capacidade dedutiva. Devido à sua grande tensão interna, poderá ter dificuldades em demonstrar e lidar com suas emoções.
BRÁULIO	Germânica – aquele que brilha	33	Dotado de muita coragem, aprecia ajudar os amigos nas situações mais embaraçosas. Sentimental e preocupado com os problemas dos outros, emociona-se com facilidade. Tende a aceitar uma situação difícil para não desestabilizar a harmonia do lar, do trabalho ou de suas amizades.
BRUNO	Latina – aquele que é moreno	25	Bastante observador e atento a detalhes, pode ter deduções e chegar a conclusões muito refinadas. Muito exigente consigo mesmo, não gosta de demonstrar sua fragilidade. Prefere pensar muito antes de tomar decisões. Tem grande intuição e prefere agir com a mente e não com a emoção.
CAIO	Latina – alegre e divertido	19	Sabe dirigir grandes projetos. É muito independente e por isso não gosta de ter seu espaço invadido, não dando muita abertura à opinião dos outros. Pode ter atitudes inesperadas, extremadas e sem lógica. Não aprecia o que é convencional. Sente necessidade de se afirmar, mostrar o seu valor e a sua capacidade.
CARLOS	Germânica – homem forte, viril	23	Aprende com facilidade e pensa rápido. Ambicioso, tem muitas idéias e precisa ser constantemente desafiado, aplicando aquilo que criou ao dia-a-dia. Generoso e amigável, relaciona-se sem problemas e pode exercer papel de mediador quando surge algum conflito. É inquieto e gosta de novidades.

NOME	ORIGEM	ENERGIA	SIGNIFICADO NA NUMEROLOGIA
CARMELO	Hebraica – aquele que é dócil, delicado como uma espiga	31	É um lutador incansável. Prefere mandar a ser mandado. É independente e competitivo e envolve-se com projetos nos quais possa usar a sua fértil imaginação. Imediatista, é agitado e ansioso. Não sabe esperar e, como prefere o movimento, muitas vezes é impulsivo. Aprecia as artes, é comunicativo e receptivo. Tem para si grandes expectativas e sente-se contrariado se não as concretiza.
CÁSSIO	Latina – ilustre	21	Muito comunicativo e criativo, está sempre pensando em novas alternativas e possibilidades. Sociável e impaciente, preocupa-se em não magoar os outros. Tem uma enorme capacidade de influenciar o ambiente em que está. Possui um humor repleto de altos e baixos. Tem dificuldade em se concentrar em um pensamento ou atividade, dispersando-se com freqüência.
CASIMIRO	Eslava – o homem que prega a paz	42	Tem um jeito afetuoso e gosta de cooperar. Demora a tomar decisões, dependendo do apoio dos outros. Prefere estar sempre rodeado de amigos e da família. Bastante compreensivo, pondera todos os pontos de vista. Pode ser muito vulnerável às emoções, já que é bastante sensível. Valoriza as artes e a harmonia.
CAETANO	Latina – pessoa alegre	23	Aprende com facilidade e pensa rápido. Ambicioso, tem muitas idéias e precisa ser constantemente desafiado, aplicando aquilo que criou ao dia-a-dia. Generoso e amigável, relaciona-se sem problemas e pode exercer papel de mediador quando surge algum conflito. É inquieto e gosta de novidades.
CELSO	Latina – celestial	18	Muito idealista, pode ter dificuldades para enfrentar obstáculos. Por outro lado, sabe resolver os problemas alheios, dando conselhos valiosos. Tem grande intuição e é bastante sensível. Seu excesso de dramaticidade pode prejudicar a maneira de enfrentar a vida. É intelectual e tem dotes artísticos.
CÉSAR	Latina – aquele que foi separado do ventre da mãe	19	Sabe dirigir grandes projetos. É muito independente e por isso não gosta de ter seu espaço invadido, não dando muita abertura à opinião dos outros. Pode ter atitudes inesperadas, extremadas e sem lógica. Não aprecia o que é convencional. Sente necessidade de se afirmar, mostrar o seu valor e a sua capacidade.
CHRISTIAN	Latina – aquele que segue Cristo	47	Tem grande magnetismo, atraindo todos. É idealista e busca a harmonia, conciliando fatos e pessoas. Sua abordagem nem sempre é muito prática, pois acha que as soluções são mágicas e fantasiosas. Gosta de ensinar e de influenciar os outros. Muito instável, tem dificuldades em equilibrar suas emoções com o seu lado racional.
CÍCERO	Latina – grão-de-bico	35	Gosta de se envolver em projetos diferenciados nos quais possa exercer a liderança. É bastante prático, o que o torna uma pessoa ágil. Chega a conclusões rapidamente. Busca a estabilidade e a segurança, não se arriscando sem ter conhecimento das possibilidades reais. Gosta de ter liberdade de ação. Impaciente, tem pavio curto. É exigente e controlador.

NOME	ORIGEM	ENERGIA	SIGNIFICADO NA NUMEROLOGIA
CIRILO	Grega – variação de Ciro	39	Envolve-se com a comunidade, preocupando-se em trazer alegria às outras pessoas. É intenso, apaixonado, possessivo e ciumento. Dá soluções criativas e decisivas para superar situações críticas e aparentemente impossíveis. Quer ensinar e tem um espírito empreendedor. Porém pode perder rapidamente o interesse e abandonar projetos sem concluí-los. Pode ser muito rígido consigo mesmo. Muitas vezes é impaciente, agindo de forma brusca e ríspida.
CIRO	Grega – o grande senhor	27	Intuitivo e analítico, vive um conflito entre seu lado racional e sua imaginação. Líder vigoroso, encara a vida com idéias criativas e originais. Prefere agir sozinho, pois tem dificuldade em compartilhar seus sentimentos mais profundos. É impulsivo e precisa aprender a ter paciência e disciplina. Possui uma atitude generosa e solidária. Gosta de se sentir útil.
CLÁUDIO	Latina – aquele que pertencia à família romana dos Cláudios	29	Exigente e perfeccionista, consegue direcionar sua intensa energia para alcançar seus objetivos. Suas expectativas são altas e não admite falhas. Tem enorme criatividade e inclinação para as artes. Sente grande necessidade de se destacar e é competitivo. Gosta de ensinar. Idealista, costuma envolver-se em sonhos e fantasias. É ansioso e tem dificuldade em valorizar a opinião das outras pessoas.
CLEMENTE	Latina – aquele que é moderado	32	Comunica-se com facilidade e convence as pessoas com suas idéias originais. Gosta de fazer e cultivar muitas amizades. Aprecia viagens, precisa sentir-se livre e sempre em movimento. Gosta de mudar e conhecer novos ambientes. Atua com criatividade. Charmoso, tem facilidade para assumir a liderança nas mais variadas situações.
CONRADO	Germânica – conselheiro	34	Interessado em aprender, está sempre em busca de estímulos diferentes que o façam refletir. Não gosta de limitações e é independente. Possui espírito aventureiro e gosta de experimentar, porém organiza tudo o que está em sua mente. É uma pessoa mais introspectiva e reservada, mas quando se sente dono da situação expressa-se com facilidade. É dotado de grande intuição, o que o ajuda a tomar decisões.
CONSTANTINO	Latina – variação de Constâncio	45	Possui uma sensibilidade muito desenvolvida. Porém pode ter dificuldades e, com medo de lidar com o desconhecido e enfrentar riscos, acaba apegando-se ao passado. Gosta de ensinar os outros e preocupa-se com seus problemas. Precisa aprender a usar a razão, buscando assim o equilíbrio.
CORNÉLIO	Latina – aquele que toca a corneta na batalha	46	Tem atitude de administrador, além de líder. Sua tendência é resolver os problemas de todos com interferência franca e dominadora. É dinâmico e rápido para tomar decisões. É dedicado aos outros e confia neles. Prefere ser desafiado e por isso quer experimentar e mudar. Porém pode ter resistência ao tentar o novo. Possui atitude impositiva e pode ser controlador.
COSME	Grega – o venerado por todos	19	Sabe dirigir grandes projetos. É muito independente e por isso não gosta de ter seu espaço invadido, não dando muita abertura à opinião dos outros. Pode ter atitudes inesperadas, extremadas e sem lógica. Não aprecia o que é convencional. Sente necessidade de se afirmar, mostrar o seu valor e a sua capacidade.

NOME	ORIGEM	ENERGIA	SIGNIFICADO NA NUMEROLOGIA
CRISTIANO	Latina – o que segue Cristo	45	Possui uma sensibilidade muito desenvolvida. Porém pode ter dificuldades e, com medo de lidar com o desconhecido e enfrentar riscos, acaba apegando-se ao passado. Gosta de ensinar os outros e preocupa-se com seus problemas. Precisa aprender a usar a razão, buscando assim o equilíbrio.
CRISTÓVÃO	Grega – o que leva Cristo consigo	41	É extremamente criativo e consegue transformar as idéias, geralmente ousadas e futuristas, em realidade. Gosta de resultados práticos, não tem medo de mudanças, porém quer manter o controle da situação. Versátil, entusiasma-se com facilidade e tem coragem diante das adversidades.
DÁCIO	Latina – aquele que é da região da Dácia	23	Aprende com facilidade e pensa rápido. Ambicioso, tem muitas idéias e precisa ser constantemente desafiado, aplicando aquilo que criou ao dia-a-dia. Generoso e amigável, relaciona-se sem problemas e pode exercer papel de mediador quando surge algum conflito. É inquieto e gosta de novidades.
DAGOBERTO	Germânica – aquele que brilha como o sol	42	Tem um jeito afetuoso e gosta de cooperar. Demora a tomar decisões, dependendo do apoio dos outros. Prefere estar sempre rodeado de amigos e da família. Bastante compreensivo, pondera todos os pontos de vista. Pode ser muito vulnerável às emoções, já que é bastante sensível. Valoriza as artes e a harmonia.
DANIEL	Hebraica – Deus é meu juiz	27	Intuitivo e analítico, vive um conflito entre seu lado racional e sua imaginação. Líder vigoroso, encara a vida com idéias criativas e originais. Prefere agir sozinho, pois tem dificuldade em compartilhar seus sentimentos mais profundos. É impulsivo e precisa aprender a ter paciência e disciplina. Possui uma atitude generosa e solidária. Gosta de se sentir útil.
DANILO	Eslava – Deus é meu juiz	28	Com sua energia de liderança, tem coragem para atingir seus objetivos. Dotado de grande imaginação, dá forma concreta às suas criações mentais. Tem senso artístico, além de grande intuição e excelente capacidade dedutiva. Devido à sua grande tensão interna, poderá ter dificuldades em demonstrar e lidar com suas emoções.
DANTE	Latina – homem leal e confiável. Aquele que tem bom caráter	17	Tem um espírito de detetive e habilidade para lidar e resolver qualquer problema. Seu grande poder de concentração ajuda-o a enfrentar as situações mais difíceis. Procura ter um conhecimento mais profundo e mais espiritual da vida. É firme em suas decisões e idéias. É líder e sabe dar ordens.
DARIO	Persa – aquele que protege contra o mal	29	Exigente e perfeccionista, consegue direcionar sua intensa energia para alcançar seus objetivos. Suas expectativas são altas e não admite falhas. Tem enorme criatividade e inclinação para as artes. Sente grande necessidade de se destacar e é competitivo. Gosta de ensinar. Idealista, costuma envolver-se em sonhos e fantasias. É ansioso e tem dificuldade em valorizar a opinião das outras pessoas.

NOME	ORIGEM	ENERGIA	SIGNIFICADO NA NUMEROLOGIA
DAVID	Hebraica – amado por Deus	22	Gosta de grandes desafios. Tem originalidade para resolver problemas, chegando a soluções práticas. Suas opiniões são firmes e tendem a controlar as atitudes e desejos dos outros. Muito sério, relaciona-se com dificuldade, fechando-se a contatos mais íntimos. Rígido, idealista e autocrítico, debate-se freqüentemente entre razão e emoção.
DEMÉTRIO	Grega – vem de Deméter, a deusa da terra	44	Quer ter o domínio de tudo e não aceita falhas. É capaz de se envolver inteiramente em trabalhos que propiciem algum benefício aos outros. Muito seguro, organizado e disciplinado, sabe perseverar nos seus objetivos. Gosta de se envolver em atividades que o façam sentir-se útil, com resultados palpáveis. É exigente e sabe enfrentar as adversidades. É reservado, não se expõe e não fala muito de si.
DÊNIS	Grega – variação francesa de Dionísio	24	Atrai muitos relacionamentos com facilidade, pois é muito atencioso e gentil. Seu jeito responsável e metódico dá segurança a quem o procura. Gosta tanto de agradar e de se envolver nos problemas dos outros que acaba se decepcionando. Aprecia as artes, a beleza e atividades em equipe.
DIEGO	Grega – aquele que é sábio	31	É um lutador incansável. Prefere mandar a ser mandado. É independente e competitivo e envolve-se com projetos nos quais possa usar a sua fértil imaginação. Imediatista, é agitado e ansioso. Não sabe esperar e, como prefere o movimento, muitas vezes é impulsivo. Aprecia as artes, é comunicativo e receptivo. Tem para si grandes expectativas e sente-se contrariado se não as concretiza.
DIOGO	Latina – pessoa instruída	32	Comunica-se com facilidade e convence as pessoas com suas idéias originais. Gosta de fazer e cultivar muitas amizades. Aprecia viagens, precisa sentir-se livre e sempre em movimento. Gosta de mudar e conhecer novos ambientes. Atua com criatividade. Charmoso, tem facilidade para assumir a liderança nas mais variadas situações.
DIMAS	Grega – amigo leal	19	Sabe dirigir grandes projetos. É muito independente e por isso não gosta de ter seu espaço invadido, não dando muita abertura à opinião dos outros. Pode ter atitudes inesperadas, extremadas e sem lógica. Não aprecia o que é convencional. Sente necessidade de se afirmar, mostrar o seu valor e a sua capacidade.
DINO	Hebraica – a justiça	24	Atrai muitos relacionamentos com facilidade, pois é muito atencioso e gentil. Seu jeito responsável e metódico dá segurança a quem o procura. Gosta tanto de agradar e de se envolver nos problemas dos outros que acaba se decepcionando. Aprecia as artes, a beleza e atividades em equipe.
DIÓGENES	Grega – aquele que veio ao mundo por obra de Deus	42	Tem um jeito afetuoso e gosta de cooperar. Demora a tomar decisões, dependendo do apoio dos outros. Prefere estar sempre rodeado de amigos e da família. Bastante compreensivo, pondera todos os pontos de vista. Pode ser muito vulnerável às emoções, já que é bastante sensível. Valoriza as artes e a harmonia.

NOME	ORIGEM	ENERGIA	SIGNIFICADO NA NUMEROLOGIA
DIONÍSIO	Grega – aquele que se consagra a Deus nos momentos mais difíceis	49	É extremamente justo e formal. Necessita de segurança e por isso evita mudar o estilo de vida. Possui grande controle emocional e desconfia de tudo e de todos. Gosta de adquirir bens materiais. Gentil e diplomático, dá força às outras pessoas. Tem pensamento lógico e concreto, mas precisa aprender a se organizar.
DIRCEU	Grega – vem de Dirce, a fonte	33	Dotado de muita coragem, aprecia ajudar os amigos nas situações mais embaraçosas. Sentimental e preocupado com os problemas dos outros, emociona-se com facilidade. Tende a aceitar uma situação difícil para não desestabilizar a harmonia do lar, do trabalho ou de suas amizades.
DOMINGO	Latina – aquele que é do Senhor	41	É extremamente criativo e consegue transformar as idéias, geralmente ousadas e futuristas, em realidade. Gosta de resultados práticos, não tem medo de mudanças, porém quer manter o controle da situação. Versátil, entusiasma-se com facilidade e tem coragem diante das adversidades.
DOMINICO	Latina – variação de Domingo	46	Tem atitude de administrador, além de líder. Sua tendência é resolver os problemas de todos com interferência franca e dominadora. É dinâmico e rápido para tomar decisões. É dedicado aos outros e confia neles. Prefere ser desafiado e por isso quer experimentar e mudar. Porém pode ter resistência ao tentar o novo. Possui atitude impositiva e pode ser controlador.
DONATO	Latina – aquele que tem o dom divino	24	Atrai muitos relacionamentos com facilidade, pois é muito atencioso e gentil. Seu jeito responsável e metódico dá segurança a quem o procura. Gosta tanto de agradar e de se envolver nos problemas dos outros que acaba se decepcionando. Aprecia as artes, a beleza e atividades em equipe.
DOUGLAS	Celta – azul-escuro	25	Bastante observador e atento a detalhes, pode ter deduções e chegar a conclusões muito refinadas. Muito exigente consigo mesmo, não gosta de demonstrar sua fragilidade. Prefere pensar muito antes de tomar decisões. Tem grande intuição e prefere agir com a mente e não com a emoção.
EDGAR	Germânica – defende a terra com a espada	26	Tem energia de comando e poder, orientada para ajudar as outras pessoas. Prefere ser o controlador das situações. Precisa ver o resultado de seus esforços, sua obra e o fruto de seu planejamento mental. Valoriza demasiadamente a opinião dos outros, pois se relaciona com base na emoção.
EDSON	Inglesa – filho do guerreiro	21	Muito comunicativo e criativo, está sempre pensando em novas alternativas e possibilidades. Sociável e impaciente, preocupa-se em não magoar os outros. Tem uma enorme capacidade de influenciar o ambiente em que está. Possui um humor repleto de altos e baixos. Tem dificuldade em se concentrar em um pensamento ou atividade, dispersando-se com freqüência.

NOME	ORIGEM	ENERGIA	SIGNIFICADO NA NUMEROLOGIA
EDMUNDO	Germânica – homem que protege as suas terras	31	É um lutador incansável. Prefere mandar a ser mandado. É independente e competitivo e envolve-se com projetos nos quais possa usar a sua fértil imaginação. Imediatista, é agitado e ansioso. Não sabe esperar e, como prefere o movimento, muitas vezes é impulsivo. Aprecia as artes, é comunicativo e receptivo. Tem para si grandes expectativas e sente-se contrariado se não as concretiza.
EDUARDO	Germânica – o guardião das suas riquezas	32	Comunica-se com facilidade e convence as pessoas com suas idéias originais. Gosta de fazer e cultivar muitas amizades. Aprecia viagens, precisa sentir-se livre e sempre em movimento. Gosta de mudar e conhecer novos ambientes. Atua com criatividade. Charmoso, tem facilidade para assumir a liderança nas mais variadas situações.
EGÍDIO	Grega – aquele que transporta o escudo durante a batalha	40	É metódico e detalhista. Gosta da lógica e da ordem. Muito exigente, adora pesquisar, procurando fundamentar solidamente seus planos e idéias. Busca respostas profundas e sabe o que quer. Auxilia os outros com seu conhecimento. No entanto, pode ser muito fechado em sua maneira de ser e bastante rígido nas suas crenças.
ELIAS	Hebraica – Jeová é o meu Deus	19	Sabe dirigir grandes projetos. É muito independente e por isso não gosta de ter seu espaço invadido, não dando muita abertura à opinião dos outros. Pode ter atitudes inesperadas, extremadas e sem lógica. Não aprecia o que é convencional. Sente necessidade de se afirmar, mostrar o seu valor e a sua capacidade.
ELÍSEO	Hebraica – minha saúde é protegida por Deus	29	Exigente e perfeccionista, consegue direcionar sua intensa energia para alcançar seus objetivos. Suas expectativas são altas e não admite falhas. Tem enorme criatividade e inclinação para as artes. Sente grande necessidade de se destacar e é competitivo. Gosta de ensinar. Idealista, costuma envolver-se em sonhos e fantasias. É ansioso e tem dificuldade em valorizar a opinião das outras pessoas.
ELÓI	Latina – o escolhido por Deus	23	Aprende com facilidade e pensa rápido. Ambicioso, tem muitas idéias e precisa ser constantemente desafiado, aplicando aquilo que criou ao dia-a-dia. Generoso e amigável, relaciona-se sem problemas e pode exercer papel de mediador quando surge algum conflito. É inquieto e gosta de novidades.
EMANUEL	Hebraica – Deus está entre nós	26	Tem energia de comando e poder, orientada para ajudar as outras pessoas. Prefere ser o controlador das situações. Precisa ver o resultado de seus esforços, sua obra e o fruto de seu planejamento mental. Valoriza demasiadamente a opinião dos outros, pois se relaciona com base na emoção.
EMERSON	Germânica – governa com engenhosidade	35	Gosta de se envolver em projetos diferenciados nos quais possa exercer a liderança. É bastante prático, o que o torna uma pessoa ágil. Chega a conclusões rapidamente. Busca a estabilidade e a segurança, não se arriscando sem ter conhecimento das possibilidades reais. Gosta de ter liberdade de ação. Impaciente, tem pavio curto. É exigente e controlador.

NOME	ORIGEM	ENERGIA	SIGNIFICADO NA NUMEROLOGIA
EMÍLIO	Latina – o trabalhador corajoso e obstinado	36	Gosta do contato com os outros, pois quer ser a fonte inspiradora. Aprecia aconselhar e prestar serviços. Tem propensão a liderar grandes projetos, mas pode ter dificuldade em organizá-los. É necessário conhecer os limites para não exagerar no cuidado com os outros. É comunicativo e criativo. Pode ter comportamentos extremados como a alegria e a falta de ânimo.
ENZO	Latina – vem de Vicenzo, o vitorioso	24	Atrai muitos relacionamentos com facilidade, pois é muito atencioso e gentil. Seu jeito responsável e metódico dá segurança a quem o procura. Gosta tanto de agradar e de se envolver nos problemas dos outros que acaba se decepcionando. Aprecia as artes, a beleza e atividades em equipe.
ERALDO	Germânica – o rei das armas	28	Com sua energia de liderança, tem coragem para atingir seus objetivos. Dotado de grande imaginação, dá forma concreta às suas criações mentais. Tem senso artístico, além de grande intuição e excelente capacidade dedutiva. Devido à sua grande tensão interna, poderá ter dificuldades em demonstrar e lidar com suas emoções.
ERASMO	Grega – aquele que é amável com todos	26	Tem energia de comando e poder, orientada para ajudar as outras pessoas. Prefere ser o controlador das situações. Precisa ver o resultado de seus esforços, sua obra e o fruto de seu planejamento mental. Valoriza demasiadamente a opinião dos outros, pois se relaciona com base na emoção.
ERIC	Germânica – sempre poderoso	26	Tem energia de comando e poder, orientada para ajudar as outras pessoas. Prefere ser o controlador das situações. Precisa ver o resultado de seus esforços, sua obra e o fruto de seu planejamento mental. Valoriza demasiadamente a opinião dos outros, pois se relaciona com base na emoção.
ÉRICO	Germânica – sempre poderoso, variação de Eric	32	Comunica-se com facilidade e convence as pessoas com suas idéias originais. Gosta de fazer e cultivar muitas amizades. Aprecia viagens, precisa sentir-se livre e sempre em movimento. Gosta de mudar e conhecer novos ambientes. Atua com criatividade. Charmoso, tem facilidade para assumir a liderança nas mais variadas situações.
ERNESTO	Germânica – homem rígido e decidido	33	Dotado de muita coragem, aprecia ajudar os amigos nas situações mais embaraçosas. Sentimental e preocupado com os problemas dos outros, emociona-se com facilidade. Tende a aceitar uma situação difícil para não desestabilizar a harmonia do lar, do trabalho ou de suas amizades.
ESTÊVÃO	Grega – aquele que é coroado de glórias e conquistas	24	Atrai muitos relacionamentos com facilidade, pois é muito atencioso e gentil. Seu jeito responsável e metódico dá segurança a quem o procura. Gosta tanto de agradar e de se envolver nos problemas dos outros que acaba se decepcionando. Aprecia as artes, a beleza e atividades em equipe.

NOME	ORIGEM	ENERGIA	SIGNIFICADO NA NUMEROLOGIA
EUCLIDES	Grega – glorioso, ilustre	33	Dotado de muita coragem, aprecia ajudar os amigos nas situações mais embaraçosas. Sentimental e preocupado com os problemas dos outros, emociona-se com facilidade. Tende a aceitar uma situação difícil para não desestabilizar a harmonia do lar, do trabalho ou de suas amizades.
EUGÊNIO	Grega – aquele que é nobre pelo nascimento	40	É metódico e detalhista. Gosta da lógica e da ordem. Muito exigente, adora pesquisar, procurando fundamentar solidamente seus planos e idéias. Busca respostas profundas e sabe o que quer. Auxilia os outros com seu conhecimento. No entanto, pode ser muito fechado em sua maneira de ser e bastante rígido nas suas crenças.
EVALDO	Germânica – aquele que tem a coragem de cumprir a lei	23	Aprende com facilidade e pensa rápido. Ambicioso, tem muitas idéias e precisa ser constantemente desafiado, aplicando aquilo que criou ao dia-a-dia. Generoso e amigável, relaciona-se sem problemas e pode exercer papel de mediador quando surge algum conflito. É inquieto e gosta de novidades.
EVANDRO	Grega – homem valente	34	Interessado em aprender, está sempre em busca de estímulos diferentes que o façam refletir. Não gosta de limitações e é independente. Possui espírito aventureiro e gosta de experimentar, porém organiza tudo o que está em sua mente. É uma pessoa mais introspectiva e reservada, mas quando se sente dono da situação expressa-se com facilidade. É dotado de grande intuição, o que o ajuda a tomar decisões.
EVARISTO	Grega – excelente	37	É pioneiro, gosta de ser desafiado e também estimula as outras pessoas com sua energia. Tem prazer em se relacionar, é simpático, amável e expansivo. Preocupado com o futuro, quer logo chegar a conclusões. Possui grande agilidade mental, conversa agradável e é fértil em idéias.
FABIANO	Latina – variação de Fábio	30	Expressa alegria e otimismo, contagiando aqueles que o rodeiam. Tem espírito solidário e gosta de ajudar e cuidar. Aprecia a beleza e as coisas mais simples da vida. É dotado de uma grande necessidade de se sentir útil e querido. Busca a segurança nas relações, embora aprecie a liberdade. Tem um senso artístico apurado e é vaidoso.
FÁBIO	Latina – aquele que cultiva favas	24	Atrai muitos relacionamentos com facilidade, pois é muito atencioso e gentil. Seu jeito responsável e metódico dá segurança a quem o procura. Gosta tanto de agradar e de se envolver nos problemas dos outros que acaba se decepcionando. Aprecia as artes, a beleza e atividades em equipe.
FABRÍCIO	Latina – o filho do artesão	45	Possui uma sensibilidade muito desenvolvida. Porém pode ter dificuldades e, com medo de lidar com o desconhecido e enfrentar riscos, acaba apegando-se ao passado. Gosta de ensinar os outros e preocupa-se com seus problemas. Precisa aprender a usar a razão, buscando assim o equilíbrio.

NOME	ORIGEM	ENERGIA	SIGNIFICADO NA NUMEROLOGIA
FALCÃO	Latina – tem uma visão aguçada, enxerga de longe	20	Possui um espírito muito conciliador e sua habilidade de mediador permite que estabeleça uma situação de harmonia entre as pessoas. Procura agradar aos outros e sabe negociar. Gosta de cooperar e de se doar por uma causa, uma relação ou mesmo para superar um conflito. É receptivo e sabe delegar. Acredita no dar e receber.
FAUSTINO	Latina – variação de Fausto	33	Dotado de muita coragem, aprecia ajudar os amigos nas situações mais embaraçosas. Sentimental e preocupado com os problemas dos outros, emociona-se com facilidade. Tende a aceitar uma situação difícil para não desestabilizar a harmonia do lar, do trabalho ou de suas amizades.
FAUSTO	Latina – pessoa afortunada, bem-sucedida	19	Sabe dirigir grandes projetos. É muito independente e por isso não gosta de ter seu espaço invadido, não dando muita abertura à opinião dos outros. Pode ter atitudes inesperadas, extremadas e sem lógica. Não aprecia o que é convencional. Sente necessidade de se afirmar, mostrar o seu valor e a sua capacidade.
FREDERICO	Germânica – o chefe apaziguador	56	Tem uma atitude filosófica e procura levar algum tipo de ensinamento às pessoas. É amigo leal e honesto. Sonhador e idealista, está sempre pensando em um lado que não é o lógico nem o racional. É talentoso, criativo e deseja a liderança.
FELIPE	Grega – o amigo dos cavalos	35	Gosta de se envolver em projetos diferenciados nos quais possa exercer a liderança. É bastante prático, o que o torna uma pessoa ágil. Chega a conclusões rapidamente. Busca a estabilidade e a segurança, não se arriscando sem ter conhecimento das possibilidades reais. Gosta de ter liberdade de ação. Impaciente, tem pavio curto. É exigente e controlador.
FIRMINO	Latina – aquele que é firme	48	Comunicativo, age de forma conservadora. É mais ligado a normas, regras e convenções. É disciplinado e muito exigente. Por isso tende a ficar insatisfeito com suas realizações. Romântico, aprecia tudo o que se relaciona com as artes. Como é muito criativo, todas as situações estimulam a sua imaginação.
FERNANDO	Germânica – o guerreiro destemido	41	É extremamente criativo e consegue transformar as idéias, geralmente ousadas e futuristas, em realidade. Gosta de resultados práticos, não tem medo de mudanças, porém quer manter o controle da situação. Versátil, entusiasma-se com facilidade e tem coragem diante das adversidades.
FIDEL	Latina – aquele que é digno de confiança	27	Intuitivo e analítico, vive um conflito entre seu lado racional e sua imaginação. Líder vigoroso, encara a vida com idéias criativas e originais. Prefere agir sozinho, pois tem dificuldade em compartilhar seus sentimentos mais profundos. É impulsivo e precisa aprender a ter paciência e disciplina. Possui uma atitude generosa e solidária. Gosta de se sentir útil.

NOME	ORIGEM	ENERGIA	SIGNIFICADO NA NUMEROLOGIA
FLÁVIO	Latina – membro da tradicional família dos Flávios, da Roma Antiga	29	Exigente e perfeccionista, consegue direcionar sua intensa energia para alcançar seus objetivos. Suas expectativas são altas e não admite falhas. Tem enorme criatividade e inclinação para as artes. Sente grande necessidade de se destacar e é competitivo. Gosta de ensinar. Idealista, costuma envolver-se em sonhos e fantasias. É ansioso e tem dificuldade em valorizar a opinião das outras pessoas.
FLORÊNCIO	Latina – belo como as flores	52	É uma pessoa criativa e versátil. Tem um pensamento muito ágil, analisando os fatos e chegando a conclusões com rapidez. Porém pode demorar a tomar uma decisão ou posição quando há envolvimento emocional. Gosta e tem facilidade de aprender, pois é dotado de muita intuição e de um grande poder de análise. Pode aparentar frieza, no entanto é muito sensível.
FLORIANO	Latina – o que dá flores, frutos	45	Possui uma sensibilidade muito desenvolvida. Porém pode ter dificuldades e, com medo de lidar com o desconhecido e enfrentar riscos, acaba apegando-se ao passado. Gosta de ensinar os outros e preocupa-se com seus problemas. Precisa aprender a usar a razão, buscando assim o equilíbrio.
FRANCISCO	Germânica – aquele que carrega a lança	43	Introspectivo e reservado, é dotado de uma forte individualidade. Independente, possui uma abordagem prática frente à vida. É produtivo e gosta de analisar tudo, muitas vezes de forma exagerada. Com isso, pode levar tempo para tomar uma decisão.
FRANCO	Germânica – que faz parte da tribo dos Francos	30	Expressa alegria e otimismo, contagiando aqueles que o rodeiam. Tem espírito solidário e gosta de ajudar e cuidar. Aprecia a beleza e as coisas mais simples da vida. É dotado de uma grande necessidade de se sentir útil e querido. Busca a segurança nas relações, embora aprecie a liberdade. Tem um senso artístico apurado e é vaidoso.
FRANKLIN	Inglesa – variação de Franco	40	É metódico e detalhista. Gosta da lógica e da ordem. Muito exigente, adora pesquisar, procurando fundamentar solidamente seus planos e idéias. Busca respostas profundas e sabe o que quer. Auxilia os outros com seu conhecimento. No entanto, pode ser muito fechado em sua maneira de ser e bastante rígido nas suas crenças.
FÚLVIO	Latina – aquele que tem cabelos ruivos	31	É um lutador incansável. Prefere mandar a ser mandado. É independente e competitivo e envolve-se com projetos nos quais possa usar a sua fértil imaginação. Imediatista, é agitado e ansioso. Não sabe esperar e, como prefere o movimento, muitas vezes é impulsivo. Aprecia as artes, é comunicativo e receptivo. Tem para si grandes expectativas e sente-se contrariado se não as concretiza.
GABRIEL	Hebraica – homem dotado do poder de Deus	36	Gosta do contato com os outros, pois quer ser a fonte inspiradora. Aprecia aconselhar e prestar serviços. Tem propensão a liderar grandes projetos, mas pode ter dificuldade em organizá-los. É necessário conhecer os limites para não exagerar no cuidado com os outros. É comunicativo e criativo. Pode ter comportamentos extremados como a alegria e a falta de ânimo.

NOME	ORIGEM	ENERGIA	SIGNIFICADO NA NUMEROLOGIA
GASPAR	Persa – aquele que guarda o tesouro	26	Tem energia de comando e poder, orientada para ajudar as outras pessoas. Prefere ser o controlador das situações. Precisa ver o resultado de seus esforços, sua obra e o fruto de seu planejamento mental. Valoriza demasiadamente a opinião dos outros, pois se relaciona com base na emoção.
GASTÃO	Germânica – o estrangeiro	18	Muito idealista, pode ter dificuldades para enfrentar obstáculos. Por outro lado, sabe resolver os problemas alheios, dando conselhos valiosos. Tem grande intuição e é bastante sensível. Seu excesso de dramaticidade pode prejudicar a maneira de enfrentar a vida. É intelectual e tem dotes artísticos.
GENARO	Latina – o consagrado ao deus Jano	33	Dotado de muita coragem, aprecia ajudar os amigos nas situações mais embaraçosas. Sentimental e preocupado com os problemas dos outros, emociona-se com facilidade. Tende a aceitar uma situação difícil para não desestabilizar a harmonia do lar, do trabalho ou de suas amizades.
GERALDO	Germânica – aquele que atingiu a nobreza na batalha	35	Gosta de se envolver em projetos diferenciados nos quais possa exercer a liderança. É bastante prático, o que o torna uma pessoa ágil. Chega a conclusões rapidamente. Busca a estabilidade e a segurança, não se arriscando sem ter conhecimento das possibilidades reais. Gosta de ter liberdade de ação. Impaciente, tem pavio curto. É exigente e controlador.
GERMANO	Germânica – homem guerreiro	37	É pioneiro, gosta de ser desafiado e também estimula as outras pessoas com sua energia. Tem prazer em se relacionar, é simpático, amável e expansivo. Preocupado com o futuro, quer logo chegar a conclusões. Possui grande agilidade mental, conversa agradável e é fértil em idéias.
GERSON	Hebraica – o peregrino	33	Dotado de muita coragem, aprecia ajudar os amigos nas situações mais embaraçosas. Sentimental e preocupado com os problemas dos outros, emociona-se com facilidade. Tende a aceitar uma situação difícil para não desestabilizar a harmonia do lar, do trabalho ou de suas amizades.
GIL	Latina – pele de cabra	19	Sabe dirigir grandes projetos. É muito independente e por isso não gosta de ter seu espaço invadido, não dando muita abertura à opinião dos outros. Pode ter atitudes inesperadas, extremadas e sem lógica. Não aprecia o que é convencional. Sente necessidade de se afirmar, mostrar o seu valor e a sua capacidade.
GILBERTO	Germânica – aquele que brilha com sua espada no campo de batalha	43	Introspectivo e reservado, é dotado de uma forte individualidade. Independente, possui uma abordagem prática frente à vida. É produtivo e gosta de analisar tudo, muitas vezes de forma exagerada. Com isso, pode levar tempo para tomar uma decisão.

NOME	ORIGEM	ENERGIA	SIGNIFICADO NA NUMEROLOGIA
GIOVANE	Italiana – variação de João	37	É pioneiro, gosta de ser desafiado e também estimula as outras pessoas com sua energia. Tem prazer em se relacionar, é simpático, amável e expansivo. Preocupado com o futuro, quer logo chegar a conclusões. Possui grande agilidade mental, conversa agradável e é fértil em idéias.
GODOFREDO	Germânica – que goza da paz do Senhor	53	Gosta de ser a autoridade. Muito rígido, é dotado de atitude bastante racional. Prefere estar na liderança, porém seu jeito de ser exigente pode prejudicar suas atividades e seus relacionamentos. Tem sempre uma solução para os problemas mais difíceis. É desconfiado e possessivo. Sabe organizar e é eficiente.
GONÇALO	Germânica – aquele que foi salvo no campo de batalha	31	É um lutador incansável. Prefere mandar a ser mandado. É independente e competitivo e envolve-se com projetos nos quais possa usar a sua fértil imaginação. Imediatista, é agitado e ansioso. Não sabe esperar e, como prefere o movimento, muitas vezes é impulsivo. Aprecia as artes, é comunicativo e receptivo. Tem para si grandes expectativas e sente-se contrariado se não as concretiza.
GREGÓRIO	Latina – aquele que zela pela sua congregação	58	Acredita na ordem e não gosta de errar, porém tem grande poder de recuperação quando não atinge seus propósitos. É introspectivo e controlador. Minucioso, possui uma grande capacidade de análise, não deixando escapar nada. Tem criatividade para resolver problemas e desafios, apegando-se pouco à forma.
GUIDO	Germânica – o homem do bosque	29	Exigente e perfeccionista, consegue direcionar sua intensa energia para alcançar seus objetivos. Suas expectativas são altas e não admite falhas. Tem enorme criatividade e inclinação para as artes. Sente grande necessidade de se destacar e é competitivo. Gosta de ensinar. Idealista, costuma envolver-se em sonhos e fantasias. É ansioso e tem dificuldade em valorizar a opinião das outras pessoas.
GUILHERME	Germânica – protetor	53	Gosta de ser a autoridade. Muito rígido, é dotado de atitude bastante racional. Prefere estar na liderança, porém seu jeito de ser exigente pode prejudicar suas atividades e seus relacionamentos. Tem sempre uma solução para os problemas mais difíceis. É desconfiado e possessivo. Sabe organizar e é eficiente.
GUSTAVO	Germânica – aquele que ocupa o lugar do rei	24	Atrai muitos relacionamentos com facilidade, pois é muito atencioso e gentil. Seu jeito responsável e metódico dá segurança a quem o procura. Gosta tanto de agradar e de se envolver nos problemas dos outros que acaba se decepcionando. Aprecia as artes, a beleza e atividades em equipe.
HANS	Germânica – abençoado pela graça de Deus	15	Busca a harmonia e o equilíbrio. É muito observador, extremamente ativo e dinâmico. Generoso e responsável, zela como ninguém pelas suas coisas e pelos que o rodeiam. Teimoso, contesta tudo, e, com sua mente ágil e rápida, tem sempre uma opinião a dar. Comunica-se com facilidade e clareza, e, com seus conselhos, envolve e influencia as outras pessoas.

NOME	ORIGEM	ENERGIA	SIGNIFICADO NA NUMEROLOGIA
HAROLDO	Germânica – aquele que conquista um território com o seu exército	37	É pioneiro, gosta de ser desafiado e também estimula as outras pessoas com sua energia. Tem prazer em se relacionar, é simpático, amável e expansivo. Preocupado com o futuro, quer logo chegar a conclusões. Possui grande agilidade mental, conversa agradável e é fértil em idéias.
HÉCTOR	Grega – aquele que defende com bravura	33	Dotado de muita coragem, aprecia ajudar os amigos nas situações mais embaraçosas. Sentimental e preocupado com os problemas dos outros, emociona-se com facilidade. Tende a aceitar uma situação difícil para não desestabilizar a harmonia do lar, do trabalho ou de suas amizades.
HEITOR	Grega – aquele que defende com bravura	39	Envolve-se com a comunidade, preocupando-se em trazer alegria às outras pessoas. É intenso, apaixonado, possessivo e ciumento. Dá soluções criativas e decisivas para superar situações críticas e aparentemente impossíveis. Quer ensinar e tem um espírito empreendedor. Porém pode perder rapidamente o interesse e abandonar projetos sem concluí-los. Pode ser muito rígido consigo mesmo. Muitas vezes é impaciente, agindo de forma brusca e ríspida.
HENRIQUE	Inglesa – o chefe da casa	52	É uma pessoa criativa e versátil. Tem um pensamento muito ágil, analisando os fatos e chegando a conclusões com rapidez. Porém pode demorar a tomar uma decisão ou posição quando há envolvimento emocional. Gosta e tem facilidade de aprender, pois é dotado de muita intuição e de um grande poder de análise. Pode aparentar frieza, no entanto é muito sensível.
HENRY	Inglesa – variação de Henrique	34	Interessado em aprender, está sempre em busca de estímulos diferentes que o façam refletir. Não gosta de limitações e é independente. Possui espírito aventureiro e gosta de experimentar, porém organiza tudo o que está em sua mente. É uma pessoa mais introspectiva e reservada, mas quando se sente dono da situação expressa-se com facilidade. É dotado de grande intuição, o que o ajuda a tomar decisões.
HERIBERTO	Germânica – tem a glória do seu exército	55	Observador, gosta também de pesquisar e aprofundar-se em cada questão. Tem um excelente talento para a comunicação. É intenso em suas reações e atitudes, acreditando piamente na justiça e na ordem. Procura sempre modificar as situações vigentes. É dotado de um espírito altamente independente e, ao tomar uma decisão, é quase impossível detê-lo ou fazer com que mude de opinião.
HILÁRIO	Latina – alegre e festivo	45	Possui uma sensibilidade muito desenvolvida. Porém pode ter dificuldades e, com medo de lidar com o desconhecido e enfrentar riscos, acaba apegando-se ao passado. Gosta de ensinar os outros e preocupa-se com seus problemas. Precisa aprender a usar a razão, buscando assim o equilíbrio.
HOMERO	Grega – o cego	38	Idealista, quer fazer mudanças em tudo. Tem uma grande necessidade de se envolver com as outras pessoas e ser responsável por elas. Influencia os outros com suas opiniões e maneira de ser. É generoso e possui uma preocupação que vai além do mundo material. Tem grandes oscilações de humor. Ansioso, não goza de muita paciência para aguardar os resultados de seus projetos e atitudes.

NOME	ORIGEM	ENERGIA	SIGNIFICADO NA NUMEROLOGIA
HORÁCIO	Latina – consagrado às divindades romanas	42	Tem um jeito afetuoso e gosta de cooperar. Demora a tomar decisões, dependendo do apoio dos outros. Prefere estar sempre rodeado de amigos e da família. Bastante compreensivo, pondera todos os pontos de vista. Pode ser muito vulnerável às emoções, já que é bastante sensível. Valoriza as artes e a harmonia.
HUGO	Germânica – dotado de espírito iluminado e grande inteligência	24	Atrai muitos relacionamentos com facilidade, pois é muito atencioso e gentil. Seu jeito responsável e metódico dá segurança a quem o procura. Gosta tanto de agradar e de se envolver nos problemas dos outros que acaba se decepcionando. Aprecia as artes, a beleza e atividades em equipe.
HUMBERTO	Germânica – brilhante	39	Envolve-se com a comunidade, preocupando-se em trazer alegria às outras pessoas. É intenso, apaixonado, possessivo e ciumento. Dá soluções criativas e decisivas para superar situações críticas e aparentemente impossíveis. Quer ensinar e tem um espírito empreendedor. Porém pode perder rapidamente o interesse e abandonar projetos sem concluí-los. Pode ser muito rígido consigo mesmo. Muitas vezes é impaciente, agindo de forma brusca e ríspida.
IGNÁCIO	Latina – ardente	40	É metódico e detalhista. Gosta da lógica e da ordem. Muito exigente, adora pesquisar, procurando fundamentar solidamente seus planos e idéias. Busca respostas profundas e sabe o que quer. Auxilia os outros com seu conhecimento. No entanto, pode ser muito fechado em sua maneira de ser e bastante rígido nas suas crenças.
ISAAC	Hebraica – o que reinará	15	Busca a harmonia e o equilíbrio. É muito observador, extremamente ativo e dinâmico. Generoso e responsável, zela como ninguém pelas suas coisas e pelos que o rodeiam. Teimoso, contesta tudo, e, com sua mente ágil e rápida, tem sempre uma opinião a dar. Comunica-se com facilidade e clareza, e, com seus conselhos, envolve e influencia as outras pessoas.
ISAÍAS	Hebraica – minha saúde está em Deus	22	Gosta de grandes desafios. Tem originalidade para resolver problemas, chegando a soluções práticas. Suas opiniões são firmes e tendem a controlar as atitudes e desejos dos outros. Muito sério, relaciona-se com dificuldade, fechando-se a contatos mais íntimos. Rígido, idealista e autocrítico, debate-se freqüentemente entre razão e emoção.
ISIDORO	Grega – tem os dons de Ísis, deusa egípcia	44	Quer ter o domínio de tudo e não aceita falhas. É capaz de se envolver inteiramente em trabalhos que propiciem algum benefício aos outros. Muito seguro, organizado e disciplinado, sabe perseverar nos seus objetivos. Gosta de se envolver em atividades que o façam sentir-se útil, com resultados palpáveis. É exigente e sabe enfrentar as adversidades. É reservado, não se expõe e não fala muito de si.
ISMAEL	Hebraica – Deus atendeu as minhas preces	23	Aprende com facilidade e pensa rápido. Ambicioso, tem muitas idéias e precisa ser constantemente desafiado, aplicando aquilo que criou ao dia-a-dia. Generoso e amigável, relaciona-se sem problemas e pode exercer papel de mediador quando surge algum conflito. É inquieto e gosta de novidades.

NOME	ORIGEM	ENERGIA	SIGNIFICADO NA NUMEROLOGIA
ISRAEL	Hebraica – Deus reina	28	Com sua energia de liderança, tem coragem para atingir seus objetivos. Dotado de grande imaginação, dá forma concreta às suas criações mentais. Tem senso artístico, além de grande intuição e excelente capacidade dedutiva. Devido à sua grande tensão interna, poderá ter dificuldades em demonstrar e lidar com suas emoções.
ÍTALO	Latina – aquele que veio das terras que estão entre os mares	21	Muito comunicativo e criativo, está sempre pensando em novas alternativas e possibilidades. Sociável e impaciente, preocupa-se em não magoar os outros. Tem uma enorme capacidade de influenciar o ambiente em que está. Possui um humor repleto de altos e baixos. Tem dificuldade em se concentrar em um pensamento ou atividade, dispersando-se com freqüência.
IVAN	Russa – vem de João, aquele que tem a graça de Deus	19	Sabe dirigir grandes projetos. É muito independente e por isso não gosta de ter seu espaço invadido, não dando muita abertura à opinião dos outros. Pode ter atitudes inesperadas, extremadas e sem lógica. Não aprecia o que é convencional. Sente necessidade de se afirmar, mostrar o seu valor e a sua capacidade.
IVO	Germânica – homem glorioso	19	Sabe dirigir grandes projetos. É muito independente e por isso não gosta de ter seu espaço invadido, não dando muita abertura à opinião dos outros. Pode ter atitudes inesperadas, extremadas e sem lógica. Não aprecia o que é convencional. Sente necessidade de se afirmar, mostrar o seu valor e a sua capacidade.
JACINTO	Grega – vem da flor jacinto	27	Intuitivo e analítico, vive um conflito entre seu lado racional e sua imaginação. Líder vigoroso, encara a vida com idéias criativas e originais. Prefere agir sozinho, pois tem dificuldade em compartilhar seus sentimentos mais profundos. É impulsivo e precisa aprender a ter paciência e disciplina. Possui uma atitude generosa e solidária. Gosta de se sentir útil.
JACOB	Hebraica – aquele que superou o irmão	13	Gosta de renovar, de transformar e de substituir um padrão por outro mais eficiente. Tem prazer em ajudar a resolver os problemas dos outros com suas idéias originais. Encontra sempre uma alternativa objetiva e prática. No entanto, pode ter dificuldade em expressar o que deseja fazer, desperdiçando assim seu potencial criativo.
JAIME	Hebraica – variação de Jacob	20	Possui um espírito muito conciliador e sua habilidade de mediador permite que estabeleça uma situação de harmonia entre as pessoas. Procura agradar aos outros e sabe negociar. Gosta de cooperar e de se doar por uma causa, uma relação ou mesmo para superar um conflito. É receptivo e sabe delegar. Acredita no dar e receber.
JAIR	Hebraica – como Jairo, o que foi iluminado	20	Possui um espírito muito conciliador e sua habilidade de mediador permite que estabeleça uma situação de harmonia entre as pessoas. Procura agradar aos outros e sabe negociar. Gosta de cooperar e de se doar por uma causa, uma relação ou mesmo para superar um conflito. É receptivo e sabe delegar. Acredita no dar e receber.

NOME	ORIGEM	ENERGIA	SIGNIFICADO NA NUMEROLOGIA
JAIRO	Hebraica – aquele que foi iluminado	26	Tem energia de comando e poder, orientada para ajudar as outras pessoas. Prefere ser o controlador das situações. Precisa ver o resultado de seus esforços, sua obra e o fruto de seu planejamento mental. Valoriza demasiadamente a opinião dos outros, pois se relaciona com base na emoção.
JEFFERSON	Inglesa – filho de Jeffrey	44	Quer ter o domínio de tudo e não aceita falhas. É capaz de se envolver inteiramente em trabalhos que propiciem algum benefício aos outros. Muito seguro, organizado e disciplinado, sabe perseverar nos seus objetivos. Gosta de se envolver em atividades que o façam sentir-se útil, com resultados palpáveis. É exigente e sabe enfrentar as adversidades. É reservado, não se expõe e não fala muito de si.
JEREMIAS	Hebraica – é a elevação do Senhor	35	Gosta de se envolver em projetos diferenciados nos quais possa exercer a liderança. É bastante prático, o que o torna uma pessoa ágil. Chega a conclusões rapidamente. Busca a estabilidade e a segurança, não se arriscando sem ter conhecimento das possibilidades reais. Gosta de ter liberdade de ação. Impaciente, tem pavio curto. É exigente e controlador.
JERÔNIMO	Grega – aquele que tem o nome sagrado	45	Possui uma sensibilidade muito desenvolvida. Porém pode ter dificuldades e, com medo de lidar com o desconhecido e enfrentar riscos, acaba apegando-se ao passado. Gosta de ensinar os outros e preocupa-se com seus problemas. Precisa aprender a usar a razão, buscando assim o equilíbrio.
JESUS	Hebraica – o salvador	11	Sensível às outras pessoas, dá força a elas. Responsável, tem sempre uma maneira prática e lógica de analisar e resolver problemas e enfrentar desafios. Reservado e introspectivo, revela sua grande força espiritual aprendendo diante de qualquer situação. É fonte de inspiração para os outros e tem fortes dons artísticos.
JOÃO	Hebraica – com a graça de Deus	14	Dinamismo, determinação e forte intuição ajudam a estruturar as muitas idéias que vêm à sua mente. Adora novidades, tem enorme necessidade de experimentar o novo e aventurar-se. A versatilidade e a sensualidade são suas marcas registradas. Autoconfiante, gosta de se envolver em grandes empreendimentos.
JOAQUIM	Hebraica – aquele que recebe a força de Deus	32	Comunica-se com facilidade e convence as pessoas com suas idéias originais. Gosta de fazer e cultivar muitas amizades. Aprecia viagens, precisa sentir-se livre e sempre em movimento. Gosta de mudar e conhecer novos ambientes. Atua com criatividade. Charmoso, tem facilidade para assumir a liderança nas mais variadas situações.
JOEL	Hebraica – Deus é o seu Senhor	15	Busca a harmonia e o equilíbrio. É muito observador, extremamente ativo e dinâmico. Generoso e responsável, zela como ninguém pelas suas coisas e pelos que o rodeiam. Teimoso, contesta tudo, e, com sua mente ágil e rápida, tem sempre uma opinião a dar. Comunica-se com facilidade e clareza, e, com seus conselhos, envolve e influencia as outras pessoas.

NOME	ORIGEM	ENERGIA	SIGNIFICADO NA NUMEROLOGIA
JONAS	Hebraica – singelo	14	Dinamismo, determinação e forte intuição ajudam a estruturar as muitas idéias que vêm à sua mente. Adora novidades, tem enorme necessidade de experimentar o novo e aventurar-se. A versatilidade e a sensualidade são suas marcas registradas. Autoconfiante, gosta de se envolver em grandes empreendimentos.
JONATHAN	Hebraica – variação de Jonatan	29	Exigente e perfeccionista, consegue direcionar sua intensa energia para alcançar seus objetivos. Suas expectativas são altas e não admite falhas. Tem enorme criatividade e inclinação para as artes. Sente grande necessidade de se destacar e é competitivo. Gosta de ensinar. Idealista, costuma envolver-se em sonhos e fantasias. É ansioso e tem dificuldade em valorizar a opinião das outras pessoas.
JORGE	Grega – aquele que trabalha a terra, camponês	28	Com sua energia de liderança, tem coragem para atingir seus objetivos. Dotado de grande imaginação, dá forma concreta às suas criações mentais. Tem senso artístico, além de grande intuição e excelente capacidade dedutiva. Devido à sua grande tensão interna, poderá ter dificuldades em demonstrar e lidar com suas emoções.
JOSÉ	Hebraica – aquele que é ajudado por Deus	13	Gosta de renovar, de transformar e de substituir um padrão por outro mais eficiente. Tem prazer em ajudar a resolver os problemas dos outros com suas idéias originais. Encontra sempre uma alternativa objetiva e prática. No entanto, pode ter dificuldade em expressar o que deseja fazer, desperdiçando assim seu potencial criativo.
JOSUÉ	Hebraica – tem a salvação do Senhor	16	É um amigo leal, bastante intuitivo e criativo. Líder por natureza, tem magnetismo e atrai as pessoas. Perfeccionista, não gosta que interfiram em seus planos. Parece solitário porque busca o isolamento, mas sente uma enorme necessidade de estar rodeado de amigos e parentes. Busca analisar tudo de maneira lógica e racional.
JUAN	Hebraica – tem a graça divina	10	Reage às situações de maneira direta, pronto para encontrar uma solução inovadora e rápida. Precisa estar sempre motivado. Sabe influenciar as pessoas, deseja dar as ordens, mas sua presença é de harmonia. Não gosta de tratar de detalhes. Deve controlar a tendência a desejar tudo na hora. Prefere agir sozinho, pois é muito criativo e original.
JULIANO	Latina – variação de Júlio	28	Com sua energia de liderança, tem coragem para atingir seus objetivos. Dotado de grande imaginação, dá forma concreta às suas criações mentais. Tem senso artístico, além de grande intuição e excelente capacidade dedutiva. Devido à sua grande tensão interna, poderá ter dificuldades em demonstrar e lidar com suas emoções.
JÚLIO	Latina – aquele que tem o cabelo crespo	22	Gosta de grandes desafios. Tem originalidade para resolver problemas, chegando a soluções práticas. Suas opiniões são firmes e tendem a controlar as atitudes e desejos dos outros. Muito sério, relaciona-se com dificuldade, fechando-se a contatos mais íntimos. Rígido, idealista e autocrítico, debate-se freqüentemente entre razão e emoção.

NOME	ORIGEM	ENERGIA	SIGNIFICADO NA NUMEROLOGIA
JUSTINIANO	Latina – variação de Justo	42	Tem um jeito afetuoso e gosta de cooperar. Demora a tomar decisões, dependendo do apoio dos outros. Prefere estar sempre rodeado de amigos e da família. Bastante compreensivo, pondera todos os pontos de vista. Pode ser muito vulnerável às emoções, já que é bastante sensível. Valoriza as artes e a harmonia.
JUSTO	Latina – que decide com justiça	13	Gosta de renovar, de transformar e de substituir um padrão por outro mais eficiente. Tem prazer em ajudar a resolver os problemas dos outros com suas idéias originais. Encontra sempre uma alternativa objetiva e prática. No entanto, pode ter dificuldade em expressar o que deseja fazer, desperdiçando assim seu potencial criativo.
KEVIN	Celta – adorável	25	Bastante observador e atento a detalhes, pode ter deduções e chegar a conclusões muito refinadas. Muito exigente consigo mesmo, não gosta de demonstrar sua fragilidade. Prefere pensar muito antes de tomar decisões. Tem grande intuição e prefere agir com a mente e não com a emoção.
LAÉRCIO	Latina – aquele que ergue as pedras	36	Gosta do contato com os outros, pois quer ser a fonte inspiradora. Aprecia aconselhar e prestar serviços. Tem propensão a liderar grandes projetos, mas pode ter dificuldade em organizá-los. É necessário conhecer os limites para não exagerar no cuidado com os outros. É comunicativo e criativo. Pode ter comportamentos extremados como a alegria e a falta de ânimo.
LAURO	Latina – o vitorioso, coroado de glórias	22	Gosta de grandes desafios. Tem originalidade para resolver problemas, chegando a soluções práticas. Suas opiniões são firmes e tendem a controlar as atitudes e desejos dos outros. Muito sério, relaciona-se com dificuldade, fechando-se a contatos mais íntimos. Rígido, idealista e autocrítico, debate-se freqüentemente entre razão e emoção.
LÁZARO	Hebraico – ajudado por Deus	28	Com sua energia de liderança, tem coragem para atingir seus objetivos. Dotado de grande imaginação, dá forma concreta às suas criações mentais. Tem senso artístico, além de grande intuição e excelente capacidade dedutiva. Devido à sua grande tensão interna, poderá ter dificuldades em demonstrar e lidar com suas emoções.
LEANDRO	Hebraica – homem calmo	33	Dotado de muita coragem, aprecia ajudar os amigos nas situações mais embaraçosas. Sentimental e preocupado com os problemas dos outros, emociona-se com facilidade. Tende a aceitar uma situação difícil para não desestabilizar a harmonia do lar, do trabalho ou de suas amizades.
LÉO	Latina – leão	14	Dinamismo, determinação e forte intuição ajudam a estruturar as muitas idéias que vêm à sua mente. Adora novidades, tem enorme necessidade de experimentar o novo e aventurar-se. A versatilidade e a sensualidade são suas marcas registradas. Autoconfiante, gosta de se envolver em grandes empreendimentos.

NOME	ORIGEM	ENERGIA	SIGNIFICADO NA NUMEROLOGIA
LEÓN	Latina – tem a bravura do leão	19	Sabe dirigir grandes projetos. É muito independente e por isso não gosta de ter seu espaço invadido, não dando muita abertura à opinião dos outros. Pode ter atitudes inesperadas, extremadas e sem lógica. Não aprecia o que é convencional. Sente necessidade de se afirmar, mostrar o seu valor e a sua capacidade.
LEONARDO	Germânica – leão poderoso	39	Envolve-se com a comunidade, preocupando-se em trazer alegria às outras pessoas. É intenso, apaixonado, possessivo e ciumento. Dá soluções criativas e decisivas para superar situações críticas e aparentemente impossíveis. Quer ensinar e tem um espírito empreendedor. Porém pode perder rapidamente o interesse e abandonar projetos sem concluí-los. Pode ser muito rígido consigo mesmo. Muitas vezes é impaciente, agindo de forma brusca e ríspida.
LEÔNIDAS	Grega – a valentia do leão	34	Interessado em aprender, está sempre em busca de estímulos diferentes que o façam refletir. Não gosta de limitações e é independente. Possui espírito aventureiro e gosta de experimentar, porém organiza tudo o que está em sua mente. É uma pessoa mais introspectiva e reservada, mas quando se sente dono da situação expressa-se com facilidade. É dotado de grande intuição, o que o ajuda a tomar decisões.
LEOPOLDO	Germânica – aquele que defende seu povo	40	É metódico e detalhista. Gosta da lógica e da ordem. Muito exigente, adora pesquisar, procurando fundamentar solidamente seus planos e idéias. Busca respostas profundas e sabe o que quer. Auxilia os outros com seu conhecimento. No entanto, pode ser muito fechado em sua maneira de ser e bastante rígido nas suas crenças.
LOURENÇO	Latina – o vitorioso, coroado de glórias	40	É metódico e detalhista. Gosta da lógica e da ordem. Muito exigente, adora pesquisar, procurando fundamentar solidamente seus planos e idéias. Busca respostas profundas e sabe o que quer. Auxilia os outros com seu conhecimento. No entanto, pode ser muito fechado em sua maneira de ser e bastante rígido nas suas crenças.
LUCAS	Latina – resplandecente como a luz	11	Sensível às outras pessoas, dá força a elas. Responsável, tem sempre uma maneira prática e lógica de analisar e resolver problemas e enfrentar desafios. Reservado e introspectivo, revela sua grande força espiritual aprendendo diante de qualquer situação. É fonte de inspiração para os outros e tem fortes dons artísticos.
LUCIANO	Latina – variação de Lúcio	30	Expressa alegria e otimismo, contagiando aqueles que o rodeiam. Tem espírito solidário e gosta de ajudar e cuidar. Aprecia a beleza e as coisas mais simples da vida. É dotado de uma grande necessidade de se sentir útil e querido. Busca a segurança nas relações, embora aprecie a liberdade. Tem um senso artístico apurado e é vaidoso.
LÚCIO	Latina – nascido à luz do dia	24	Atrai muitos relacionamentos com facilidade, pois é muito atencioso e gentil. Seu jeito responsável e metódico dá segurança a quem o procura. Gosta tanto de agradar e de se envolver nos problemas dos outros que acaba se decepcionando. Aprecia as artes, a beleza e atividades em equipe.

NOME	ORIGEM	ENERGIA	SIGNIFICADO NA NUMEROLOGIA
LUÍS	Germânica – o grande guerreiro	16	É um amigo leal, bastante intuitivo e criativo. Líder por natureza, tem magnetismo e atrai as pessoas. Perfeccionista, não gosta que interfiram em seus planos. Parece solitário porque busca o isolamento, mas sente uma enorme necessidade de estar rodeado de amigos e parentes. Busca analisar tudo de maneira lógica e racional.
LUIZ	Germânica – variação de Luís	23	Aprende com facilidade e pensa rápido. Ambicioso, tem muitas idéias e precisa ser constantemente desafiado, aplicando aquilo que criou ao dia-a-dia. Generoso e amigável, relaciona-se sem problemas e pode exercer papel de mediador quando surge algum conflito. É inquieto e gosta de novidades.
MAGNO	Latina – o magnífico, afamado, grande	23	Aprende com facilidade e pensa rápido. Ambicioso, tem muitas idéias e precisa ser constantemente desafiado, aplicando aquilo que criou ao dia-a-dia. Generoso e amigável, relaciona-se sem problemas e pode exercer papel de mediador quando surge algum conflito. É inquieto e gosta de novidades.
MANUEL	Hebraica – variação de Emanuel. Deus está entre nós	21	Muito comunicativo e criativo, está sempre pensando em novas alternativas e possibilidades. Sociável e impaciente, preocupa-se em não magoar os outros. Tem uma enorme capacidade de influenciar o ambiente em que está. Possui um humor repleto de altos e baixos. Tem dificuldade em se concentrar em um pensamento ou atividade, dispersando-se com freqüência.
MARCELO	Latina – homem lutador. Trabalha com o martelo	31	É um lutador incansável. Prefere mandar a ser mandado. É independente e competitivo e envolve-se com projetos nos quais possa usar a sua fértil imaginação. Imediatista, é agitado e ansioso. Não sabe esperar e, como prefere o movimento, muitas vezes é impulsivo. Aprecia as artes, é comunicativo e receptivo. Tem para si grandes expectativas e sente-se contrariado se não as concretiza.
MARCIAL	Latina – de Marte, deus da guerra	30	Expressa alegria e otimismo, contagiando aqueles que o rodeiam. Tem espírito solidário e gosta de ajudar e cuidar. Aprecia a beleza e as coisas mais simples da vida. É dotado de uma grande necessidade de se sentir útil e querido. Busca a segurança nas relações, embora aprecie a liberdade. Tem um senso artístico apurado e é vaidoso.
MÁRCIO	Latina – aquele que foi consagrado ao deus Marte	32	Comunica-se com facilidade e convence as pessoas com suas idéias originais. Gosta de fazer e cultivar muitas amizades. Aprecia viagens, precisa sentir-se livre e sempre em movimento. Gosta de mudar e conhecer novos ambientes. Atua com criatividade. Charmoso, tem facilidade para assumir a liderança nas mais variadas situações.
MARCOS	Latina – vem de Marte, o deus da guerra	24	Atrai muitos relacionamentos com facilidade, pois é muito atencioso e gentil. Seu jeito responsável e metódico dá segurança a quem o procura. Gosta tanto de agradar e de se envolver nos problemas dos outros que acaba se decepcionando. Aprecia as artes, a beleza e atividades em equipe.

NOME	ORIGEM	ENERGIA	SIGNIFICADO NA NUMEROLOGIA
MARIANO	Latina – consagrado à Virgem Maria	35	Gosta de se envolver em projetos diferenciados nos quais possa exercer a liderança. É bastante prático, o que o torna uma pessoa ágil. Chega a conclusões rapidamente. Busca a estabilidade e a segurança, não se arriscando sem ter conhecimento das possibilidades reais. Gosta de ter liberdade de ação. Impaciente, tem pavio curto. É exigente e controlador.
MÁRIO	Latina – homem lutador, forte	29	Exigente e perfeccionista, consegue direcionar sua intensa energia para alcançar seus objetivos. Suas expectativas são altas e não admite falhas. Tem enorme criatividade e inclinação para as artes. Sente grande necessidade de se destacar e é competitivo. Gosta de ensinar. Idealista, costuma envolver-se em sonhos e fantasias. É ansioso e tem dificuldade em valorizar a opinião das outras pessoas.
MARTIM	Latina – guerreiro	29	Exigente e perfeccionista, consegue direcionar sua intensa energia para alcançar seus objetivos. Suas expectativas são altas e não admite falhas. Tem enorme criatividade e inclinação para as artes. Sente grande necessidade de se destacar e é competitivo. Gosta de ensinar. Idealista, costuma envolver-se em sonhos e fantasias. É ansioso e tem dificuldade em valorizar a opinião das outras pessoas.
MATHEUS	Hebraica – o dom do Senhor	24	Atrai muitos relacionamentos com facilidade, pois é muito atencioso e gentil. Seu jeito responsável e metódico dá segurança a quem o procura. Gosta tanto de agradar e de se envolver nos problemas dos outros que acaba se decepcionando. Aprecia as artes, a beleza e atividades em equipe.
MATIAS	Hebraica – o dom do Senhor	18	Muito idealista, pode ter dificuldades para enfrentar obstáculos. Por outro lado, sabe resolver os problemas alheios, dando conselhos valiosos. Tem grande intuição e é bastante sensível. Seu excesso de dramaticidade pode prejudicar a maneira de enfrentar a vida. É intelectual e tem dotes artísticos.
MAURÍCIO	Latina – mouro, de pele escura	44	Quer ter o domínio de tudo e não aceita falhas. É capaz de se envolver inteiramente em trabalhos que propiciem algum benefício aos outros. Muito seguro, organizado e disciplinado, sabe perseverar nos seus objetivos. Gosta de se envolver em atividades que o façam sentir-se útil, com resultados palpáveis. É exigente e sabe enfrentar as adversidades. É reservado, não se expõe e não fala muito de si.
MAURO	Latina – mouro, de pele escura	23	Aprende com facilidade e pensa rápido. Ambicioso, tem muitas idéias e precisa ser constantemente desafiado, aplicando aquilo que criou ao dia-a-dia. Generoso e amigável, relaciona-se sem problemas e pode exercer papel de mediador quando surge algum conflito. É inquieto e gosta de novidades.
MAXIMILIANO	Latina – variação de Máximo	57	Como não teme os desafios, é bastante receptivo a mudanças e a novidades. É um tanto impulsivo e vive o "aqui e agora", com objetivos a curto prazo. Possui um humor oscilante e freqüentemente tem conflitos entre seu lado emocional e seu lado racional. É muito criativo e gosta de movimento. É inquieto e, com isso, pode passar dos limites. É comunicativo e gosta de se expressar.

NOME	ORIGEM	ENERGIA	SIGNIFICADO NA NUMEROLOGIA
MÁXIMO	Latina – o maior	30	Expressa alegria e otimismo, contagiando aqueles que o rodeiam. Tem espírito solidário e gosta de ajudar e cuidar. Aprecia a beleza e as coisas mais simples da vida. É dotado de uma grande necessidade de se sentir útil e querido. Busca a segurança nas relações, embora aprecie a liberdade. Tem um senso artístico apurado e é vaidoso.
MICHEL	Francesa – variação de Miguel	32	Comunica-se com facilidade e convence as pessoas com suas idéias originais. Gosta de fazer e cultivar muitas amizades. Aprecia viagens, precisa sentir-se livre e sempre em movimento. Gosta de mudar e conhecer novos ambientes. Atua com criatividade. Charmoso, tem facilidade para assumir a liderança nas mais variadas situações.
MIGUEL	Hebraica – igual a Deus	31	É um lutador incansável. Prefere mandar a ser mandado. É independente e competitivo e envolve-se com projetos nos quais possa usar a sua fértil imaginação. Imediatista, é agitado e ansioso. Não sabe esperar e, como prefere o movimento, muitas vezes é impulsivo. Aprecia as artes, é comunicativo e receptivo. Tem para si grandes expectativas e sente-se contrariado se não as concretiza.
MILTON	Inglesa – aquele que vem do povo do moinho	29	Exigente e perfeccionista, consegue direcionar sua intensa energia para alcançar seus objetivos. Suas expectativas são altas e não admite falhas. Tem enorme criatividade e inclinação para as artes. Sente grande necessidade de se destacar e é competitivo. Gosta de ensinar. Idealista, costuma envolver-se em sonhos e fantasias. É ansioso e tem dificuldade em valorizar a opinião das outras pessoas.
MOISÉS	Hebraica – aquela que dá a luz	26	Tem energia de comando e poder, orientada para ajudar as outras pessoas. Prefere ser o controlador das situações. Precisa ver o resultado de seus esforços, sua obra e o fruto de seu planejamento mental. Valoriza demasiadamente a opinião dos outros, pois se relaciona com base na emoção.
MURILO	Espanhola – pequeno muro	34	Interessado em aprender, está sempre em busca de estímulos diferentes que o façam refletir. Não gosta de limitações e é independente. Possui espírito aventureiro e gosta de experimentar, porém organiza tudo o que está em sua mente. É uma pessoa mais introspectiva e reservada, mas quando se sente dono da situação expressa-se com facilidade. É dotado de grande intuição, o que o ajuda a tomar decisões.
NAPOLEÃO	Grega – leão da nova cidade	34	Interessado em aprender, está sempre em busca de estímulos diferentes que o façam refletir. Não gosta de limitações e é independente. Possui espírito aventureiro e gosta de experimentar, porém organiza tudo o que está em sua mente. É uma pessoa mais introspectiva e reservada, mas quando se sente dono da situação expressa-se com facilidade. É dotado de grande intuição, o que o ajuda a tomar decisões.
NARCISO	Grega – belo rapaz que sofreu a maldição de apaixonar-se por si mesmo	34	Interessado em aprender, está sempre em busca de estímulos diferentes que o façam refletir. Não gosta de limitações e é independente. Possui espírito aventureiro e gosta de experimentar, porém organiza tudo o que está em sua mente. É uma pessoa mais introspectiva e reservada, mas quando se sente dono da situação expressa-se com facilidade. É dotado de grande intuição, o que o ajuda a tomar decisões.

NOME	ORIGEM	ENERGIA	SIGNIFICADO NA NUMEROLOGIA
NATAN	Hebraica – o dom de Deus	14	Dinamismo, determinação e forte intuição ajudam a estruturar as muitas idéias que vêm à sua mente. Adora novidades, tem enorme necessidade de experimentar o novo e aventurar-se. A versatilidade e a sensualidade são suas marcas registradas. Autoconfiante, gosta de se envolver em grandes empreendimentos.
NELSON	Inglesa – filho de campeão	25	Bastante observador e atento a detalhes, pode ter deduções e chegar a conclusões muito refinadas. Muito exigente consigo mesmo, não gosta de demonstrar sua fragilidade. Prefere pensar muito antes de tomar decisões. Tem grande intuição e prefere agir com a mente e não com a emoção.
NESTOR	Grega – aquele que recorda	28	Com sua energia de liderança, tem coragem para atingir seus objetivos. Dotado de grande imaginação, dá forma concreta às suas criações mentais. Tem senso artístico, além de grande intuição e excelente capacidade dedutiva. Devido à sua grande tensão interna, poderá ter dificuldades em demonstrar e lidar com suas emoções.
NÍCOLAS	Grega – o conquistador	28	Com sua energia de liderança, tem coragem para atingir seus objetivos. Dotado de grande imaginação, dá forma concreta às suas criações mentais. Tem senso artístico, além de grande intuição e excelente capacidade dedutiva. Devido à sua grande tensão interna, poderá ter dificuldades em demonstrar e lidar com suas emoções.
NICOLAU	Grega – o conquistador	30	Expressa alegria e otimismo, contagiando aqueles que o rodeiam. Tem espírito solidário e gosta de ajudar e cuidar. Aprecia a beleza e as coisas mais simples da vida. É dotado de uma grande necessidade de se sentir útil e querido. Busca a segurança nas relações, embora aprecie a liberdade. Tem um senso artístico apurado e é vaidoso.
NOÉ	Hebraica – aquele que descansa	16	É um amigo leal, bastante intuitivo e criativo. Líder por natureza, tem magnetismo e atrai as pessoas. Perfeccionista, não gosta que interfiram em seus planos. Parece solitário porque busca o isolamento, mas sente uma enorme necessidade de estar rodeado de amigos e parentes. Busca analisar tudo de maneira lógica e racional.
OTÁVIO	Latina – oitavo	28	Com sua energia de liderança, tem coragem para atingir seus objetivos. Dotado de grande imaginação, dá forma concreta às suas criações mentais. Tem senso artístico, além de grande intuição e excelente capacidade dedutiva. Devido à sua grande tensão interna, poderá ter dificuldades em demonstrar e lidar com suas emoções.
OMAR	Árabe – o supremo seguidor	20	Possui um espírito muito conciliador e sua habilidade de mediador permite que estabeleça uma situação de harmonia entre as pessoas. Procura agradar aos outros e sabe negociar. Gosta de cooperar e de se doar por uma causa, uma relação ou mesmo para superar um conflito. É receptivo e sabe delegar. Acredita no dar e receber.

NOME	ORIGEM	ENERGIA	SIGNIFICADO NA NUMEROLOGIA
ORLANDO	Germânica – que vem de país cheio de glórias	34	Interessado em aprender, está sempre em busca de estímulos diferentes que o façam refletir. Não gosta de limitações e é independente. Possui espírito aventureiro e gosta de experimentar, porém organiza tudo o que está em sua mente. É uma pessoa mais introspectiva e reservada, mas quando se sente dono da situação expressa-se com facilidade. É dotado de grande intuição, o que o ajuda a tomar decisões.
OSCAR	Inglesa – força divina	20	Possui um espírito muito conciliador e sua habilidade de mediador permite que estabeleça uma situação de harmonia entre as pessoas. Procura agradar aos outros e sabe negociar. Gosta de cooperar e de se doar por uma causa, uma relação ou mesmo para superar um conflito. É receptivo e sabe delegar. Acredita no dar e receber.
OSVALDO	Latina – poder de Deus	25	Bastante observador e atento a detalhes, pode ter deduções e chegar a conclusões muito refinadas. Muito exigente consigo mesmo, não gosta de demonstrar sua fragilidade. Prefere pensar muito antes de tomar decisões. Tem grande intuição e prefere agir com a mente e não com a emoção.
PASCOAL	Latina – da Páscoa	22	Gosta de grandes desafios. Tem originalidade para resolver problemas, chegando a soluções práticas. Suas opiniões são firmes e tendem a controlar as atitudes e desejos dos outros. Muito sério, relaciona-se com dificuldade, fechando-se a contatos mais íntimos. Rígido, idealista e autocrítico, debate-se freqüentemente entre razão e emoção.
PATRÍCIO	Latina – de nobre estirpe	46	Tem atitude de administrador, além de líder. Sua tendência é resolver os problemas de todos com interferência franca e dominadora. É dinâmico e rápido para tomar decisões. É dedicado aos outros e confia neles. Prefere ser desafiado e por isso quer experimentar e mudar. Porém pode ter resistência ao tentar o novo. Possui atitude impositiva e pode ser controlador.
PAULO	Latina – pequeno, delicado	20	Possui um espírito muito conciliador e sua habilidade de mediador permite que estabeleça uma situação de harmonia entre as pessoas. Procura agradar aos outros e sabe negociar. Gosta de cooperar e de se doar por uma causa, uma relação ou mesmo para superar um conflito. É receptivo e sabe delegar. Acredita no dar e receber.
PEDRO	Latina – rocha, pedra	31	É um lutador incansável. Prefere mandar a ser mandado. É independente e competitivo e envolve-se com projetos nos quais possa usar a sua fértil imaginação. Imediatista, é agitado e ansioso. Não sabe esperar e, como prefere o movimento, muitas vezes é impulsivo. Aprecia as artes, é comunicativo e receptivo. Tem para si grandes expectativas e sente-se contrariado se não as concretiza.
PIO	Latina – devoto	22	Gosta de grandes desafios. Tem originalidade para resolver problemas, chegando a soluções práticas. Suas opiniões são firmes e tendem a controlar as atitudes e desejos dos outros. Muito sério, relaciona-se com dificuldade, fechando-se a contatos mais íntimos. Rígido, idealista e autocrítico, debate-se freqüentemente entre razão e emoção.

NOME	ORIGEM	ENERGIA	SIGNIFICADO NA NUMEROLOGIA
PLÁCIDO	Latina – calmo, sereno	33	Dotado de muita coragem, aprecia ajudar os amigos nas situações mais embaraçosas. Sentimental e preocupado com os problemas dos outros, emociona-se com facilidade. Tende a aceitar uma situação difícil para não desestabilizar a harmonia do lar, do trabalho ou de suas amizades.
PLÍNIO	Latina – possui vários dons	39	Envolve-se com a comunidade, preocupando-se em trazer alegria às outras pessoas. É intenso, apaixonado, possessivo e ciumento. Dá soluções criativas e decisivas para superar situações críticas e aparentemente impossíveis. Quer ensinar e tem um espírito empreendedor. Porém pode perder rapidamente o interesse e abandonar projetos sem concluí-los. Pode ser muito rígido consigo mesmo. Muitas vezes é impaciente, agindo de forma brusca e ríspida.
PRÓSPERO	Latina – bem-sucedido	50	Valoriza as relações afetivas e a amizade. Gosta de conversar e emociona-se com facilidade. Busca o movimento e as mudanças constantes, desde que não afetem os laços estabelecidos com as pessoas, assim como o espaço conquistado. É muito criativo e possui capacidade de liderança.
PRUDÊNCIO	Latina – tem a virtude de ser prudente	51	Simpático e rico em idéias, é dotado de um grande poder de liderança. Independente e alerta, repara em tudo. Muito desconfiado, prefere controlar a ser controlado. Deseja que tudo seja perfeito. Falta-lhe agir com mais humildade, assim como aprender a lidar com as críticas.
QUERUBIM	Hebraica – o bezerro com asas	43	Introspectivo e reservado, é dotado de uma forte individualidade. Independente, possui uma abordagem prática frente à vida. É produtivo e gosta de analisar tudo, muitas vezes de forma exagerada. Com isso, pode levar tempo para tomar uma decisão.
RAFAEL	Hebraica – companheiro de Deus. Ocupa lugar de anjo no trono do Senhor	25	Bastante observador e atento a detalhes, pode ter deduções e chegar a conclusões muito refinadas. Muito exigente consigo mesmo, não gosta de demonstrar sua fragilidade. Prefere pensar muito antes de tomar decisões. Tem grande intuição e prefere agir com a mente e não com a emoção.
RAIMUNDO	Germânica – protetor poderoso	41	É extremamente criativo e consegue transformar as idéias, geralmente ousadas e futuristas, em realidade. Gosta de resultados práticos, não tem medo de mudanças, porém quer manter o controle da situação. Versátil, entusiasma-se com facilidade e tem coragem diante das adversidades.
RAMÓN	Germânica – protetor sensato	25	Bastante observador e atento a detalhes, pode ter deduções e chegar a conclusões muito refinadas. Muito exigente consigo mesmo, não gosta de demonstrar sua fragilidade. Prefere pensar muito antes de tomar decisões. Tem grande intuição e prefere agir com a mente e não com a emoção.

NOME	ORIGEM	ENERGIA	SIGNIFICADO NA NUMEROLOGIA
RAUL	Francesa – guerreiro atrevido	16	É um amigo leal, bastante intuitivo e criativo. Líder por natureza, tem magnetismo e atrai as pessoas. Perfeccionista, não gosta que interfiram em seus planos. Parece solitário porque busca o isolamento, mas sente uma enorme necessidade de estar rodeado de amigos e parentes. Busca analisar tudo de maneira lógica e racional.
REGINALDO	Germânica – rei	49	É extremamente justo e formal. Necessita de segurança e por isso evita mudar o estilo de vida. Possui grande controle emocional e desconfia de tudo e de todos. Gosta de adquirir bens materiais. Gentil e diplomático, dá força às outras pessoas. Tem pensamento lógico e concreto, mas precisa aprender a se organizar.
RÉGIS	Latina – que age como rei	31	É um lutador incansável. Prefere mandar a ser mandado. É independente e competitivo e envolve-se com projetos nos quais possa usar a sua fértil imaginação. Imediatista, é agitado e ansioso. Não sabe esperar e, como prefere o movimento, muitas vezes é impulsivo. Aprecia as artes, é comunicativo e receptivo. Tem para si grandes expectativas e sente-se contrariado se não as concretiza.
REINALDO	Germânica – rei	42	Tem um jeito afetuoso e gosta de cooperar. Demora a tomar decisões, dependendo do apoio dos outros. Prefere estar sempre rodeado de amigos e da família. Bastante compreensivo, pondera todos os pontos de vista. Pode ser muito vulnerável às emoções, já que é bastante sensível. Valoriza as artes e a harmonia.
REMÍGIO	Latina – o bom remador	49	É extremamente justo e formal. Necessita de segurança e por isso evita mudar o estilo de vida. Possui grande controle emocional e desconfia de tudo e de todos. Gosta de adquirir bens materiais. Gentil e diplomático, dá força às outras pessoas. Tem pensamento lógico e concreto, mas precisa aprender a se organizar.
REMO	Latina – irmão gêmeo de Rômulo	24	Atrai muitos relacionamentos com facilidade, pois é muito atencioso e gentil. Seu jeito responsável e metódico dá segurança a quem o procura. Gosta tanto de agradar e de se envolver nos problemas dos outros que acaba se decepcionando. Aprecia as artes, a beleza e atividades em equipe.
RENAN	Catalã – variação de Reginaldo	25	Bastante observador e atento a detalhes, pode ter deduções e chegar a conclusões muito refinadas. Muito exigente consigo mesmo, não gosta de demonstrar sua fragilidade. Prefere pensar muito antes de tomar decisões. Tem grande intuição e prefere agir com a mente e não com a emoção.
RENATO	Latina – aquele que renasceu	28	Com sua energia de liderança, tem coragem para atingir seus objetivos. Dotado de grande imaginação, dá forma concreta às suas criações mentais. Tem senso artístico, além de grande intuição e excelente capacidade dedutiva. Devido à sua grande tensão interna, poderá ter dificuldades em demonstrar e lidar com suas emoções.

NOME	ORIGEM	ENERGIA	SIGNIFICADO NA NUMEROLOGIA
RENÉ	Francesa – vida, conquista, renascido	24	Atrai muitos relacionamentos com facilidade, pois é muito atencioso e gentil. Seu jeito responsável e metódico dá segurança a quem o procura. Gosta tanto de agradar e de se envolver nos problemas dos outros que acaba se decepcionando. Aprecia as artes, a beleza e atividades em equipe.
RENZO	Latina – coroado de glórias	33	Dotado de muita coragem, aprecia ajudar os amigos nas situações mais embaraçosas. Sentimental e preocupado com os problemas dos outros, emociona-se com facilidade. Tende a aceitar uma situação difícil para não desestabilizar a harmonia do lar, do trabalho ou de suas amizades.
RICARDO	Germânica – poderoso senhor	41	É extremamente criativo e consegue transformar as idéias, geralmente ousadas e futuristas, em realidade. Gosta de resultados práticos, não tem medo de mudanças, porém quer manter o controle da situação. Versátil, entusiasma-se com facilidade e tem coragem diante das adversidades.
RIGOBERTO	Germânica – chefe brilhante	55	Observador, gosta também de pesquisar e aprofundar-se em cada questão. Tem um excelente talento para a comunicação. É intenso em suas reações e atitudes, acreditando piamente na justiça e na ordem. Procura sempre modificar as situações vigentes. É dotado de um espírito altamente independente e, ao tomar uma decisão, é quase impossível detê-lo ou fazer com que mude de opinião.
ROBERTO	Germânica – aquele que brilha na glória e na fama	39	Envolve-se com a comunidade, preocupando-se em trazer alegria às outras pessoas. É intenso, apaixonado, possessivo e ciumento. Dá soluções criativas e decisivas para superar situações críticas e aparentemente impossíveis. Quer ensinar e tem um espírito empreendedor. Porém pode perder rapidamente o interesse e abandonar projetos sem concluí-los. Pode ser muito rígido consigo mesmo. Muitas vezes é impaciente, agindo de forma brusca e ríspida.
ROBINSON	Inglesa – o filho de Robin	43	Introspectivo e reservado, é dotado de uma forte individualidade. Independente, possui uma abordagem prática frente à vida. É produtivo e gosta de analisar tudo, muitas vezes de forma exagerada. Com isso, pode levar tempo para tomar uma decisão.
RODOLFO	Germânica – lobo valente	40	É metódico e detalhista. Gosta da lógica e da ordem. Muito exigente, adora pesquisar, procurando fundamentar solidamente seus planos e idéias. Busca respostas profundas e sabe o que quer. Auxilia os outros com seu conhecimento. No entanto, pode ser muito fechado em sua maneira de ser e bastante rígido nas suas crenças.
RODRIGO	Germânica – famoso pela glória	50	Valoriza as relações afetivas e a amizade. Gosta de conversar e emociona-se com facilidade. Busca o movimento e as mudanças constantes, desde que não afetem os laços estabelecidos com as pessoas, assim como o espaço conquistado. É muito criativo e possui capacidade de liderança.

NOME	ORIGEM	ENERGIA	SIGNIFICADO NA NUMEROLOGIA
ROGER	Germânica – guerreiro famoso	36	Gosta do contato com os outros, pois quer ser a fonte inspiradora. Aprecia aconselhar e prestar serviços. Tem propensão a liderar grandes projetos, mas pode ter dificuldade em organizá-los. É necessário conhecer os limites para não exagerar no cuidado com os outros. É comunicativo e criativo. Pode ter comportamentos extremados como a alegria e a falta de ânimo.
ROGÉRIO	Germânica – guerreiro famoso	51	Simpático e rico em idéias, é dotado de um grande poder de liderança. Independente e alerta, repara em tudo. Muito desconfiado, prefere controlar a ser controlado. Deseja que tudo seja perfeito. Falta-lhe agir com mais humildade, assim como aprender a lidar com as críticas.
ROLANDO	Germânica – terras famosas	34	Interessado em aprender, está sempre em busca de estímulos diferentes que o façam refletir. Não gosta de limitações e é independente. Possui espírito aventureiro e gosta de experimentar, porém organiza tudo o que está em sua mente. É uma pessoa mais introspectiva e reservada, mas quando se sente dono da situação expressa-se com facilidade. É dotado de grande intuição, o que o ajuda a tomar decisões.
ROMANO	Latina – de Roma	31	É um lutador incansável. Prefere mandar a ser mandado. É independente e competitivo e envolve-se com projetos nos quais possa usar a sua fértil imaginação. Imediatista, é agitado e ansioso. Não sabe esperar e, como prefere o movimento, muitas vezes é impulsivo. Aprecia as artes, é comunicativo e receptivo. Tem para si grandes expectativas e sente-se contrariado se não as concretiza.
ROMÁRIO	Latina – peregrino que caminha até Roma	44	Quer ter o domínio de tudo e não aceita falhas. É capaz de se envolver inteiramente em trabalhos que propiciem algum benefício aos outros. Muito seguro, organizado e disciplinado, sabe perseverar nos seus objetivos. Gosta de se envolver em atividades que o façam sentir-se útil, com resultados palpáveis. É exigente e sabe enfrentar as adversidades. É reservado, não se expõe e não fala muito de si.
ROMEU	Latina – aquele que vem de Roma	27	Intuitivo e analítico, vive um conflito entre seu lado racional e sua imaginação. Líder vigoroso, encara a vida com idéias criativas e originais. Prefere agir sozinho, pois tem dificuldade em compartilhar seus sentimentos mais profundos. É impulsivo e precisa aprender a ter paciência e disciplina. Possui uma atitude generosa e solidária. Gosta de se sentir útil.
ROMILDO	Germânica – senhor da lança de prata	41	É extremamente criativo e consegue transformar as idéias, geralmente ousadas e futuristas, em realidade. Gosta de resultados práticos, não tem medo de mudanças, porém quer manter o controle da situação. Versátil, entusiasma-se com facilidade e tem coragem diante das adversidades.
RÔMULO	Grega – forte, viril	31	É um lutador incansável. Prefere mandar a ser mandado. É independente e competitivo e envolve-se com projetos nos quais possa usar a sua fértil imaginação. Imediatista, é agitado e ansioso. Não sabe esperar e, como prefere o movimento, muitas vezes é impulsivo. Aprecia as artes, é comunicativo e receptivo. Tem para si grandes expectativas e sente-se contrariado se não as concretiza.

NOME	ORIGEM	ENERGIA	SIGNIFICADO NA NUMEROLOGIA
RONALDO	Germânica – o governador misterioso	34	Interessado em aprender, está sempre em busca de estímulos diferentes que o façam refletir. Não gosta de limitações e é independente. Possui espírito aventureiro e gosta de experimentar, porém organiza tudo o que está em sua mente. É uma pessoa mais introspectiva e reservada, mas quando se sente dono da situação expressa-se com facilidade. É dotado de grande intuição, o que o ajuda a tomar decisões.
RUBENS	Hebraica – Deus me deu um filho!	25	Bastante observador e atento a detalhes, pode ter deduções e chegar a conclusões muito refinadas. Muito exigente consigo mesmo, não gosta de demonstrar sua fragilidade. Prefere pensar muito antes de tomar decisões. Tem grande intuição e prefere agir com a mente e não com a emoção.
SALOMÃO	Hebraica – o príncipe pacífico	22	Gosta de grandes desafios. Tem originalidade para resolver problemas, chegando a soluções práticas. Suas opiniões são firmes e tendem a controlar as atitudes e desejos dos outros. Muito sério, relaciona-se com dificuldade, fechando-se a contatos mais íntimos. Rígido, idealista e autocrítico, debate-se freqüentemente entre razão e emoção.
SALVADOR	Latina – significado literal	29	Exigente e perfeccionista, consegue direcionar sua intensa energia para alcançar seus objetivos. Suas expectativas são altas e não admite falhas. Tem enorme criatividade e inclinação para as artes. Sente grande necessidade de se destacar e é competitivo. Gosta de ensinar. Idealista, costuma envolver-se em sonhos e fantasias. É ansioso e tem dificuldade em valorizar a opinião das outras pessoas.
SAM	Hebraica – forma diminutiva de Samuel	6	Para viver bem, precisa sentir-se parte de um grupo de amigos, de trabalho, comunitário ou familiar. Melhor ainda se estiver em todos. Supre as necessidades dos outros. É amável e sabe ouvir. Deve tomar cuidado para não ser influenciado pelas outras pessoas, pois sua tendência é dedicar-se demasiadamente a elas. Possui um bom talento artístico.
SAMUEL	Hebraica – aquele que foi chamado pelo Senhor	17	Tem um espírito de detetive e habilidade para lidar e resolver qualquer problema. Seu grande poder de concentração ajuda-o a enfrentar as situações mais difíceis. Procura ter um conhecimento mais profundo e mais espiritual da vida. É firme em suas decisões e idéias. É líder e sabe dar ordens.
SANDRO	Latina/Italiana – masculino de Sandra	26	Tem energia de comando e poder, orientada para ajudar as outras pessoas. Prefere ser o controlador das situações. Precisa ver o resultado de seus esforços, sua obra e o fruto de seu planejamento mental. Valoriza demasiadamente a opinião dos outros, pois se relaciona com base na emoção.
SANTIAGO	Latina – relativa ao santo católico	32	Comunica-se com facilidade e convence as pessoas com suas idéias originais. Gosta de fazer e cultivar muitas amizades. Aprecia viagens, precisa sentir-se livre e sempre em movimento. Gosta de mudar e conhecer novos ambientes. Atua com criatividade. Charmoso, tem facilidade para assumir a liderança nas mais variadas situações.

NOME	ORIGEM	ENERGIA	SIGNIFICADO NA NUMEROLOGIA
SAUL	Hebraica – o chamado, convocado	8	Reage à vida de maneira decidida e corajosa. Procura concentrar seus esforços para dar uma solução eficaz. Enfrenta os estímulos sabendo que a partir de sua atitude vai ser gerada uma série de novas oportunidades. Lida com seu destino de uma maneira ambiciosa e produtiva. É muito intenso em suas decisões. Reage com lógica, buscando vantagens e oportunidades. Tem atitudes calcadas na razão.
SEBASTIÃO	Grega – venerável, augusto	28	Com sua energia de liderança, tem coragem para atingir seus objetivos. Dotado de grande imaginação, dá forma concreta às suas criações mentais. Tem senso artístico, além de grande intuição e excelente capacidade dedutiva. Devido à sua grande tensão interna, poderá ter dificuldades em demonstrar e lidar com suas emoções.
SERAFIM	Hebraica – anjo de fogo	35	Gosta de se envolver em projetos diferenciados nos quais possa exercer a liderança. É bastante prático, o que o torna uma pessoa ágil. Chega a conclusões rapidamente. Busca a estabilidade e a segurança, não se arriscando sem ter conhecimento das possibilidades reais. Gosta de ter liberdade de ação. Impaciente, tem pavio curto. É exigente e controlador.
SÉRGIO	Latina – o guardião	37	É pioneiro, gosta de ser desafiado e também estimula as outras pessoas com sua energia. Tem prazer em se relacionar, é simpático, amável e expansivo. Preocupado com o futuro, quer logo chegar a conclusões. Possui grande agilidade mental, conversa agradável e é fértil em idéias.
SEVERINO	Latina – severo, austero	44	Quer ter o domínio de tudo e não aceita falhas. É capaz de se envolver inteiramente em trabalhos que propiciem algum benefício aos outros. Muito seguro, organizado e disciplinado, sabe perseverar nos seus objetivos. Gosta de se envolver em atividades que o façam sentir-se útil, com resultados palpáveis. É exigente e sabe enfrentar as adversidades. É reservado, não se expõe e não fala muito de si.
SIDNEY	Francesa – que é oriundo da cidade de St. Denis	31	É um lutador incansável. Prefere mandar a ser mandado. É independente e competitivo e envolve-se com projetos nos quais possa usar a sua fértil imaginação. Imediatista, é agitado e ansioso. Não sabe esperar e, como prefere o movimento, muitas vezes é impulsivo. Aprecia as artes, é comunicativo e receptivo. Tem para si grandes expectativas e sente-se contrariado se não as concretiza.
SILVINO	Latina – do bosque	37	É pioneiro, gosta de ser desafiado e também estimula as outras pessoas com sua energia. Tem prazer em se relacionar, é simpático, amável e expansivo. Preocupado com o futuro, quer logo chegar a conclusões. Possui grande agilidade mental, conversa agradável e é fértil em idéias.
SÍLVIO	Latina – do bosque	32	Comunica-se com facilidade e convence as pessoas com suas idéias originais. Gosta de fazer e cultivar muitas amizades. Aprecia viagens, precisa sentir-se livre e sempre em movimento. Gosta de mudar e conhecer novos ambientes. Atua com criatividade. Charmoso, tem facilidade para assumir a liderança nas mais variadas situações.

NOME	ORIGEM	ENERGIA	SIGNIFICADO NA NUMEROLOGIA
SOLANO	Latina – raio de sol	22	Gosta de grandes desafios. Tem originalidade para resolver problemas, chegando a soluções práticas. Suas opiniões são firmes e tendem a controlar as atitudes e desejos dos outros. Muito sério, relaciona-se com dificuldade, fechando-se a contatos mais íntimos. Rígido, idealista e autocrítico, debate-se freqüentemente entre razão e emoção.
TADEU	Hebraica – oração de graças	15	Busca a harmonia e o equilíbrio. É muito observador, extremamente ativo e dinâmico. Generoso e responsável, zela como ninguém pelas suas coisas e pelos que o rodeiam. Teimoso, contesta tudo, e, com sua mente ágil e rápida, tem sempre uma opinião a dar. Comunica-se com facilidade e clareza, e, com seus conselhos, envolve e influencia as outras pessoas.
TEODORO	Grega – tem o dom de Deus	38	Idealista, quer fazer mudanças em tudo. Tem uma grande necessidade de se envolver com as outras pessoas e ser responsável por elas. Influencia os outros com suas opiniões e maneira de ser. É generoso e possui uma preocupação que vai além do mundo material. Tem grandes oscilações de humor. Ansioso, não goza de muita paciência para aguardar os resultados de seus projetos e atitudes.
THOMAS	Inglesa – gêmeo, variação do aramaico	22	Gosta de grandes desafios. Tem originalidade para resolver problemas, chegando a soluções práticas. Suas opiniões são firmes e tendem a controlar as atitudes e desejos dos outros. Muito sério, relaciona-se com dificuldade, fechando-se a contatos mais íntimos. Rígido, idealista e autocrítico, debate-se freqüentemente entre razão e emoção.
TIAGO	Hebraica – o que suplantou	25	Bastante observador e atento a detalhes, pode ter deduções e chegar a conclusões muito refinadas. Muito exigente consigo mesmo, não gosta de demonstrar sua fragilidade. Prefere pensar muito antes de tomar decisões. Tem grande intuição e prefere agir com a mente e não com a emoção.
TIMÓTEO	Grega – o que honra Deus	34	Interessado em aprender, está sempre em busca de estímulos diferentes que o façam refletir. Não gosta de limitações e é independente. Possui espírito aventureiro e gosta de experimentar, porém organiza tudo o que está em sua mente. É uma pessoa mais introspectiva e reservada, mas quando se sente dono da situação expressa-se com facilidade. É dotado de grande intuição, o que o ajuda a tomar decisões.
TITO	Hebraica – acredita em Deus	19	Sabe dirigir grandes projetos. É muito independente e por isso não gosta de ter seu espaço invadido, não dando muita abertura à opinião dos outros. Pode ter atitudes inesperadas, extremadas e sem lógica. Não aprecia o que é convencional. Sente necessidade de se afirmar, mostrar o seu valor e a sua capacidade.
TOBIAS	Hebraica – o Senhor é bom	21	Muito comunicativo e criativo, está sempre pensando em novas alternativas e possibilidades. Sociável e impaciente, preocupa-se em não magoar os outros. Tem uma enorme capacidade de influenciar o ambiente em que está. Possui um humor repleto de altos e baixos. Tem dificuldade em se concentrar em um pensamento ou atividade, dispersando-se com freqüência.

NOME	ORIGEM	ENERGIA	SIGNIFICADO NA NUMEROLOGIA
TOMÁS	Aramaica – gêmeo	14	Dinamismo, determinação e forte intuição ajudam a estruturar as muitas idéias que vêm à sua mente. Adora novidades, tem enorme necessidade de experimentar o novo e aventurar-se. A versatilidade e a sensualidade são suas marcas registradas. Autoconfiante, gosta de se envolver em grandes empreendimentos.
TÚLIO	Latina – nasceu para ser honrado	23	Aprende com facilidade e pensa rápido. Ambicioso, tem muitas idéias e precisa ser constantemente desafiado, aplicando aquilo que criou ao dia-a-dia. Generoso e amigável, relaciona-se sem problemas e pode exercer papel de mediador quando surge algum conflito. É inquieto e gosta de novidades.
UBALDO	Germânica – ousado, atrevido	19	Sabe dirigir grandes projetos. É muito independente e por isso não gosta de ter seu espaço invadido, não dando muita abertura à opinião dos outros. Pode ter atitudes inesperadas, extremadas e sem lógica. Não aprecia o que é convencional. Sente necessidade de se afirmar, mostrar o seu valor e a sua capacidade.
ULISSES	Grega – colérico	23	Aprende com facilidade e pensa rápido. Ambicioso, tem muitas idéias e precisa ser constantemente desafiado, aplicando aquilo que criou ao dia-a-dia. Generoso e amigável, relaciona-se sem problemas e pode exercer papel de mediador quando surge algum conflito. É inquieto e gosta de novidades.
UMBERTO	Latina/italiana – variante de Humberto	31	É um lutador incansável. Prefere mandar a ser mandado. É independente e competitivo e envolve-se com projetos nos quais possa usar a sua fértil imaginação. Imediatista, é agitado e ansioso. Não sabe esperar e, como prefere o movimento, muitas vezes é impulsivo. Aprecia as artes, é comunicativo e receptivo. Tem para si grandes expectativas e sente-se contrariado se não as concretiza.
URBANO	Latina – faz parte da civilização, da cidade	26	Tem energia de comando e poder, orientada para ajudar as outras pessoas. Prefere ser o controlador das situações. Precisa ver o resultado de seus esforços, sua obra e o fruto de seu planejamento mental. Valoriza demasiadamente a opinião dos outros, pois se relaciona com base na emoção.
URIAS	Hebraica – arcanjo da luz	23	Aprende com facilidade e pensa rápido. Ambicioso, tem muitas idéias e precisa ser constantemente desafiado, aplicando aquilo que criou ao dia-a-dia. Generoso e amigável, relaciona-se sem problemas e pode exercer papel de mediador quando surge algum conflito. É inquieto e gosta de novidades.
URIEL	Hebraica – variação de Urias	29	Exigente e perfeccionista, consegue direcionar sua intensa energia para alcançar seus objetivos. Suas expectativas são altas e não admite falhas. Tem enorme criatividade e inclinação para as artes. Sente grande necessidade de se destacar e é competitivo. Gosta de ensinar. Idealista, costuma envolver-se em sonhos e fantasias. É ansioso e tem dificuldade em valorizar a opinião das outras pessoas.

NOME	ORIGEM	ENERGIA	SIGNIFICADO NA NUMEROLOGIA
VALDEMAR	Germânica – governante	31	É um lutador incansável. Prefere mandar a ser mandado. É independente e competitivo e envolve-se com projetos nos quais possa usar a sua fértil imaginação. Imediatista, é agitado e ansioso. Não sabe esperar e, como prefere o movimento, muitas vezes é impulsivo. Aprecia as artes, é comunicativo e receptivo. Tem para si grandes expectativas e sente-se contrariado se não as concretiza.
VALENTINO	Latina – forte, vigoroso	40	É metódico e detalhista. Gosta da lógica e da ordem. Muito exigente, adora pesquisar, procurando fundamentar solidamente seus planos e idéias. Busca respostas profundas e sabe o que quer. Auxilia os outros com seu conhecimento. No entanto, pode ser muito fechado em sua maneira de ser e bastante rígido nas suas crenças.
VICENTE	Latina – aquele que sempre vence	33	Dotado de muita coragem, aprecia ajudar os amigos nas situações mais embaraçosas. Sentimental e preocupado com os problemas dos outros, emociona-se com facilidade. Tende a aceitar uma situação difícil para não desestabilizar a harmonia do lar, do trabalho ou de suas amizades.
VICTOR	Latina – vencedor	33	Dotado de muita coragem, aprecia ajudar os amigos nas situações mais embaraçosas. Sentimental e preocupado com os problemas dos outros, emociona-se com facilidade. Tende a aceitar uma situação difícil para não desestabilizar a harmonia do lar, do trabalho ou de suas amizades.
VINÍCIUS	Latina – aquele que está nascendo	43	Introspectivo e reservado, é dotado de uma forte individualidade. Independente, possui uma abordagem prática frente à vida. É produtivo e gosta de analisar tudo, muitas vezes de forma exagerada. Com isso, pode levar tempo para tomar uma decisão.
VIRGÍLIO	Latina – frescor, viço	56	Tem uma atitude filosófica e procura levar algum tipo de ensinamento às pessoas. É amigo leal e honesto. Sonhador e idealista, está sempre pensando em um lado que não é o lógico nem o racional. É talentoso, criativo e deseja a liderança.
VLADIMIR	Russa – regente	43	Introspectivo e reservado, é dotado de uma forte individualidade. Independente, possui uma abordagem prática frente à vida. É produtivo e gosta de analisar tudo, muitas vezes de forma exagerada. Com isso, pode levar tempo para tomar uma decisão.
WAGNER	Germânica – fabricante de carruagens	32	Comunica-se com facilidade e convence as pessoas com suas idéias originais. Gosta de fazer e cultivar muitas amizades. Aprecia viagens, precisa sentir-se livre e sempre em movimento. Gosta de mudar e conhecer novos ambientes. Atua com criatividade. Charmoso, tem facilidade para assumir a liderança nas mais variadas situações.

NOME	ORIGEM	ENERGIA	SIGNIFICADO NA NUMEROLOGIA
WALTER	Germânica – aquele que comanda um batalhão	25	Bastante observador e atento a detalhes, pode ter deduções e chegar a conclusões muito refinadas. Muito exigente consigo mesmo, não gosta de demonstrar sua fragilidade. Prefere pensar muito antes de tomar decisões. Tem grande intuição e prefere agir com a mente e não com a emoção.
WASHINGTON	Inglesa – que veio da região de Wassins	49	É extremamente justo e formal. Necessita de segurança e por isso evita mudar o estilo de vida. Possui grande controle emocional e desconfia de tudo e de todos. Gosta de adquirir bens materiais. Gentil e diplomático, dá força às outras pessoas. Tem pensamento lógico e concreto, mas precisa aprender a se organizar.
WENCESLAU	Eslava – o mais glorioso	31	É um lutador incansável. Prefere mandar a ser mandado. É independente e competitivo e envolve-se com projetos nos quais possa usar a sua fértil imaginação. Imediatista, é agitado e ansioso. Não sabe esperar e, como prefere o movimento, muitas vezes é impulsivo. Aprecia as artes, é comunicativo e receptivo. Tem para si grandes expectativas e sente-se contrariado se não as concretiza.
WILFREDO	Germânica – pacificador decidido	47	Tem grande magnetismo, atraindo todos. É idealista e busca a harmonia, conciliando fatos e pessoas. Sua abordagem nem sempre é muito prática, pois acha que as soluções são mágicas e fantasiosas. Gosta de ensinar e de influenciar os outros. Muito instável, tem dificuldades em equilibrar suas emoções com o seu lado racional.
WILLIAM	Germânica – protetor absoluto	34	Interessado em aprender, está sempre em busca de estímulos diferentes que o façam refletir. Não gosta de limitações e é independente. Possui espírito aventureiro e gosta de experimentar, porém organiza tudo o que está em sua mente. É uma pessoa mais introspectiva e reservada, mas quando se sente dono da situação expressa-se com facilidade. É dotado de grande intuição, o que o ajuda a tomar decisões.
WILSON	Inglesa – filho de Will	29	Exigente e perfeccionista, consegue direcionar sua intensa energia para alcançar seus objetivos. Suas expectativas são altas e não admite falhas. Tem enorme criatividade e inclinação para as artes. Sente grande necessidade de se destacar e é competitivo. Gosta de ensinar. Idealista, costuma envolver-se em sonhos e fantasias. É ansioso e tem dificuldade em valorizar a opinião das outras pessoas.
YAGO	Canária – variação de Jacó	21	Muito comunicativo e criativo, está sempre pensando em novas alternativas e possibilidades. Sociável e impaciente, preocupa-se em não magoar os outros. Tem uma enorme capacidade de influenciar o ambiente em que está. Possui um humor repleto de altos e baixos. Tem dificuldade em se concentrar em um pensamento ou atividade, dispersando-se com freqüência.
YANNI	Hebraica – presente de Deus	27	Intuitivo e analítico, vive um conflito entre seu lado racional e sua imaginação. Líder vigoroso, encara a vida com idéias criativas e originais. Prefere agir sozinho, pois tem dificuldade em compartilhar seus sentimentos mais profundos. É impulsivo e precisa aprender a ter paciência e disciplina. Possui uma atitude generosa e solidária. Gosta de se sentir útil.

NOME	ORIGEM	ENERGIA	SIGNIFICADO NA NUMEROLOGIA
YURI	Russa – corresponde a Jorge	28	Com sua energia de liderança, tem coragem para atingir seus objetivos. Dotado de grande imaginação, dá forma concreta às suas criações mentais. Tem senso artístico, além de grande intuição e excelente capacidade dedutiva. Devido à sua grande tensão interna, poderá ter dificuldades em demonstrar e lidar com suas emoções.
ZACARIAS	Hebraica – o Senhor lembrou	33	Dotado de muita coragem, aprecia ajudar os amigos nas situações mais embaraçosas. Sentimental e preocupado com os problemas dos outros, emociona-se com facilidade. Tende a aceitar uma situação difícil para não desestabilizar a harmonia do lar, do trabalho ou de suas amizades.
ZENON	Grega – aquele que foi gerado por Zeus	29	Exigente e perfeccionista, consegue direcionar sua intensa energia para alcançar seus objetivos. Suas expectativas são altas e não admite falhas. Tem enorme criatividade e inclinação para as artes. Sente grande necessidade de se destacar e é competitivo. Gosta de ensinar. Idealista, costuma envolver-se em sonhos e fantasias. É ansioso e tem dificuldade em valorizar a opinião das outras pessoas.

O NOME POR INTEIRO:
APRENDENDO A LIDAR COM O DESTINO

Dissemos que o Nome de Vida (prenome) indica a maneira como as pessoas reagem e modificam seu Destino. E, afinal, o que é o Destino? Como o conhecemos?

O nome completo, que é o Nome de Vida mais os nomes de família, ou seja, o nome escrito no registro de nascimento, indica o que o Universo reserva para a pessoa. Vamos tratá-lo como *Nome de Destino.*

O nome não é escolhido por acaso: ele é determinado por uma força divina. O nome é um sistema de símbolos que, quando decodificado, conta a história de uma vida. O Nome de Destino indica por quais experiências seu filho ou você vão passar, ou seja, quais oportunidades serão encontradas ao longo dos anos. Ele é o fio condutor da vida, o que marca, entre outros, o tipo de carreira profissional a ser escolhida. O Nome de Destino também revela os tipos de pessoas e ambientes que surgirão durante a sua trajetória. Em última análise, o Nome de Destino indica o que a vida irá exigir de cada um. Estar consciente e compreender o Destino é ter a certeza de maior satisfação e de se sentir plenamente realizado. Explorar o significado do nome é ter uma importante ferramenta para o crescimento e amadurecimento. O Destino não se altera com o passar dos anos. O tipo de experiência também se repete. A maneira como o Destino é vivenciado é que muda constantemente.

Portanto, para conhecer a trajetória de vida de uma pessoa, basta saber a energia do nome que essa pessoa recebeu ao ser feito o registro do seu nascimento.

No caso de uma criança ser adotada e posteriormente receber um nome diferente do de seu primeiro registro, o que deve ser considerado é o nome inicial (para saber a influência da energia do nome colocado posteriormente, consulte o livro *O poder que vem do seu nome*).

A energia que está no nome de nascimento vem do somatório de todas as suas letras. É essa energia que determina o Destino. Para exemplificar como é feita essa soma, vamos voltar ao nome de nascimento da atriz Angelina Jolie. O nome inteiro dela, o Nome de Destino, é Angelina Jolie Voight. Repetimos abaixo a tabela de conversão de letras em números, para facilitar seu cálculo.

1	2	3	4	5	6	7	8	9
A	B	C	D	E	F	G	H	I
J	K	L	M	N	O	P	Q	R
S	T	U	V	W	X	Y	Z	

Desta vez, considere também os sobrenomes, decompondo o somatório até o último dígito (exceto se for o Número-Mestre 11).

A	N	G	E	L	I	N	A		J	O	L	I	E		V	O	I	G	H	T
1	5	7	5	3	9	5	1		1	6	3	9	5		4	6	9	7	8	2

36 24 36

(1 + 5 + 7 + 5 + 3 + 9 + 5 + 1) + (1 + 6 + 3 + 9 + 5) + (4 + 6 + 9 + 7 + 8 + 2) = 36 + 24 + 36 = 96→9 + 6 = 15→1 + 5 = **6**

O Nome de Destino de Angelina Jolie Voight tem uma energia 6. Essa energia indica o caminho de Angelina Jolie. O Número 6 está relacionado com a manifestação da arte e com a responsabilidade social. Na trajetória 6, a pessoa deve estar disponível para ser responsável pelos outros. É um caminho de amor. Sabemos que a atriz, além da expressão artística, também direciona seus esforços para trazer alívio para a vida de muitas crianças. Essa, portanto, é a maneira pela qual o seu Destino 6 direciona sua vida.

Então, já sabemos que o Nome de Vida ANGELINA, Número 36, indica que ela é uma pessoa que gosta do contato com os outros, é fonte inspiradora e quer ajudar. Essas características de personalidade vão ao encontro da energia de seu Destino, relatada anteriormente, uma vibração 6, de arte, de amor e de responsabilidade social.

A seguir, apresentamos as atitudes, as habilidades, as dificuldades e todo o potencial gerado pelos Números de Destino, de 1 a 9, assim como o Número-Mestre 11. Enfocamos com maior ênfase os primeiros anos de vida. Isso ajudará os pais a lidar melhor com os filhos. Ao mesmo tempo, permitirá que se entenda a trajetória de uma pessoa que hoje está na fase adulta, trazendo a ela um pouco de luz para compreensão da vida.

SAINDO NA FRENTE!

AS PESSOAS COM NOME DE DESTINO 1

As oportunidades que surgirem ao longo da vida de uma pessoa de Destino 1, desde a infância, exigirão que ela tome a iniciativa, que crie idéias inovadoras e que assuma a liderança.

A criança de Destino 1 poderá passar por dois tipos de experiência desde o seu nascimento: viver em um ambiente em que é superprotegida, tendo pouco espaço e estímulos para alcançar a sua individualidade, ou, ao contrário, logo cedo em sua vida ter responsabilidades de um adulto, assumindo o controle da casa ou da família. De qualquer maneira, à medida que ela crescer, estará naturalmente envolvida em situações em que tenha que provar o seu vigor, a sua individualidade, a sua coragem e independência, como nos jogos e brincadeiras, na escola, no clube ou no lugar onde vive. À medida que essa criança crescer, cada vez mais se acentuará, pelas próprias exigências do Destino, a necessidade de ela mesma se afirmar como independente. Ela deverá tomar a frente, estabelecendo as regras, definindo os limites e as responsabilidades de cada um. Para lidar bem com esse Destino, ela deve ter coragem suficiente para colocar suas idéias originais em prática, com grande determinação e força de vontade, correndo o risco de que não dê certo, e de ter de começar tudo de novo. No Destino 1, a criança poderá ter dificuldades em atuar em equipe, preferindo sempre comandar, desde que ela já confie nas suas próprias habilidades. E que ninguém ouse contrariá-la! Se isso acontecer, o tempo vai fechar... Nessa fase, sem cercear essa virtude de comando e criatividade da criança, os pais devem procurar ensinar-lhe a valorizar a opinião dos colegas, demonstrando que eles ajudam a tornar a idéia dela ainda melhor.

Se essa pessoa de Destino 1 lidar positivamente com todos os desafios que encontrar ao longo da sua vida, da infância até chegar à fase adulta, estará sempre na vanguarda, procurando o ineditismo, aquilo que ninguém pensou. Terá de aproveitar esse potencial de liderança, sem tomar atitudes autoritárias. Poderá ter êxito como empresário, profissional autônomo ou em qualquer atividade em que tenha o controle e possa aplicar suas idéias originais. E que seja, definitivamente, o Número 1!

Os pais de uma criança de Destino 1 precisam proporcionar um ambiente em que ela se sinta segura para que possa desenvolver a confiança em si mesma. Devem incentivá-la a ter vontade própria e a agir dessa maneira, a ser independente, a tomar atitudes e a dar a sua opinião. Devem também estimulá-la a terminar tudo o que começa, a valorizar o processo e o resultado final. A pessoa com Destino 1 tem a tendência de agir de maneira rápida, pois é ansiosa. É interessante que ela se envolva em atividades não só competitivas, mas também que lhe proporcionem calma e diminuam sua ansiedade. Com isso, aprenderá a pensar antes de agir, evitando comportamentos precipitados.

É importante que os pais incentivem a criança a ter pontos de referência em sua vida. Com isso, ela poderá comparar e avaliar corretamente, assim como eliminar a idéia de que ela é o centro de tudo e que somente suas necessidades pessoais são importantes.

PAZ E AMOR

AS PESSOAS COM NÚMERO DE DESTINO 2

Para uma pessoa com Destino 2, todas as situações, oportunidades e desafios surgirão ao longo da vida para que ela desenvolva o espírito de conciliação e a diplomacia.

A criança com Destino 2 poderá passar por experiências em que seu maior desafio seja relacionar-se com as pessoas. Ela poderá nascer e crescer em um ambiente de desarmonia, em que os pais vivam competindo entre eles, gerando desordem e falta de definição acerca do lugar dessa criança na família.

A criança se verá diante do desafio de dosar a sua atenção com os outros, preocupando-se em não decepcionar ninguém e tendo para si a missão de trazer paz e harmonia para o ambiente familiar e os amigos. Os pais devem incentivar a criança a desenvolver o discernimento, aliviando o sentimento de responsabilidade quanto à manutenção do equilíbrio dos relacionamentos. Ela talvez solicite atenção redobrada dos pais e, por sua vez, sentirá uma constante necessidade de mostrar quanto está disponível e como é comportada, não merecendo repreensões. Precisa constantemente de elogios para se sentir bem.

Na infância será aquela criança que terá pela frente um destino marcado por desafios e conflitos que a convidem a interceder. Tanto nas brigas de amigos como em casa, ela desde cedo aprenderá a colocar "panos quentes" nas relações em atrito. Ela poderá encontrar a solução para os impasses, desde uma simples discussão num jogo, se foi ponto ou não foi, até a disputa de duas (dois) colegas na escola por um(a) mesmo(a) namorado(a).

Os pais devem fazê-la compreender que não é responsável pelo bom andamento da vida dos outros. Deve ser estimulada a tomar atitudes baseada em suas próprias necessidades e, assim, garantir a sua individualidade e seu próprio prazer, desvinculado de qualquer manifestação alheia.

Se essa pessoa de Destino 2 lidar positivamente com todos os desafios que encontrar ao longo da sua vida, da infância até chegar à fase adulta, terá muitas oportunidades para exercer essa sua capacidade ímpar de mediação. E, assim como ajudará os outros, ela também terá mais facilidade em atuar no ambiente de trabalho e nas relações amorosas, pois, além de tudo, valorizará as parcerias e a cooperação.

A pessoa de Destino 2 sempre buscará a paz, tanto com os outros como entre os outros. O tato aguçado ajudará a pessoa com essa vibração a ter êxito em trabalhos e profissões que exijam negociações, em especial no tocante à imagem: relações públicas, assessoria de imprensa, carreira diplomática e o ofício de professor. Até mesmo poderá ser um hábil e competente ombudsman, o porta-voz dos leitores num órgão de comunicação. Por outro lado, essa pessoa deverá atentar para não ser contaminada pelos melindres e por momentos de pessimismo. Dois significa vida a dois, a soma de um com outro. Mas essa pessoa precisa tomar cuidado para não ficar muito dependente dos outros, assim como, com o intuito de pacificar, não se anular, fazendo a vontade daqueles que a cercam.

LUZ, CÂMERAS... IMAGINAÇÃO!

AS PESSOAS COM NÚMERO DE DESTINO 3

Para uma pessoa com Destino 3, as oportunidades que a vida oferece possibilitarão que ela desenvolva sua criatividade e a expressividade.

Durante o seu crescimento, uma criança com Destino 3 poderá viver em um ambiente em que seja o centro das atenções, protegida de todos os problemas. Com isso, é possível que seu mundo tenha uma grande dose de fantasia, cheio de idéias bonitas porém distantes da realidade. Esse comportamento faz com que demore a amadurecer e a crescer com senso de responsabilidade. Poderá encarar a vida de uma maneira superficial.

Os pais de uma criança com Destino 3 devem estar atentos para motivá-la a se envolver de maneira prática, séria e responsável com as suas oportunidades e a sua realidade. Deverão também desenvolver nessa criança atitudes maduras e um espírito crítico, através de conversas profundas. É preciso explicar o porquê dos assuntos mais importantes. Com isso, poderão prepará-la para não ser ingênua. Deve aprender a enfrentar problemas e responsabilidades ao invés de afastar-se para evitar o confronto. Essa criança precisa também ser estimulada para a independência emocional, a fim de não confiar cegamente nos outros. Os pais devem incentivar a criança a se envolver com pessoas e atividades de maneira responsável, a ponto de valorizar a finalização do processo, o prazer em chegar a algum lugar, evitando assim a dispersão. Em suma, devem ensiná-la a fazer escolhas e estabelecer prioridades. Os pais de uma criança com Destino 3 devem incentivar a disciplina e uma rotina de vida regular para que a criança aprenda a organizar a sua intensa energia. Ao mesmo tempo, é fundamental que propiciem condições para que ela se sociabilize, dando à criança oportunidades para conhecer muitos amigos e, com isso, poder desenvolver o seu potencial de comunicação. A criança de Destino 3 gosta de ser notada e necessita ser estimulada. Atividades de expressão, música, dança e computadores darão vazão aos seus talentos.

Na infância, ela vivenciará muitas situações em que será convidada a se envolver e exteriorizar sua capacidade de comunicação, sua simpatia e sua alegria contagiante. É a criança que curte novidades, é curiosa e adora participar e ter idéias para festas, jogos e brincadeiras. Mas é preciso estar atento, pois ela poderá utilizar de maneira inadequada sua imaginação, inventando histórias e fantasiando fatos.

Se essa pessoa de Destino 3 lidar positivamente com todos os desafios que encontrar ao longo da sua vida, fará amizades com facilidade na escola e na faculdade, assim como, na fase adulta, gozará de um amplo círculo de relacionamentos, em todos os planos. Será a mola propulsora dos encontros e das atividades na família, na comunidade e no trabalho. É quem vai "dar o maior gás" na festa de 50 anos do pai ou da mãe, "agitará" o Amigo Secreto (Oculto) no Natal, a formatura, a "enorrrrme" recepção ao amigo ou irmão que foi estudar no exterior – enfim, a vida será um eterno clima de festa. A pessoa com Nome de Destino 3 também vai estimular a imaginação das pessoas. E, mesmo nos momentos críticos, essa pessoa surgirá para confortar, com seu indestrutível otimismo e espírito de Poliana: como se fosse ou tivesse uma fada madrinha e num passe de mágica tudo estivesse resolvido...

Essas pessoas poderão ser brilhantes profissionais em áreas que requeiram criatividade e capacidade de comunicação, tais como rádio, televisão, redação, fotografia, propaganda, marketing e vendas.

PÃO, PÃO, QUEIJO, QUEIJO

AS PESSOAS COM NÚMERO DE DESTINO 4

As oportunidades que surgirem ao longo da vida de uma pessoa de Destino 4, desde a infância, exigirão que ela transforme suas idéias em produtos úteis e concretos, organizando assim sua vida com eficiência.

A criança com Destino 4 poderá nascer e crescer num ambiente rígido, que valorize as tradições. O mais importante nesse ambiente austero é manter a segurança e as necessidades básicas: estudo, uma casa e uma família. Por isso, muitas das necessidades pessoais da criança relacionadas a afeto não foram devidamente satisfeitas, e, com isso, ela crescerá negando sua vulnerabilidade, sua fragilidade e sua sensibilidade. E seguirá exigindo muito de si mesma, que sua vida seja perfeita, sempre de acordo com princípios previamente estabelecidos. Passa a ser uma pessoa muito séria e rígida consigo mesma e com os outros. Faz o que é esperado dela, sente-se pressionada. E julga tudo com extrema rigidez, sob a ótica do preto no branco, sem contar com possíveis variações ou nuances. E se desestrutura quando tem que passar por uma experiência nova ou inesperada. Por isso prefere repetir padrões e ser intolerante ao novo. Dessa maneira, não sabe lidar com o erro e não o admite. Pode ser também que essa criança cresça em ambiente em que tenha se sentido responsável em manter a estabilidade e a estrutura familiar, sempre pronta para ajudar, para assumir obrigações e resolver problemas. Ou então a criança sente-se incapaz de corresponder às exigências de sua estrutura familiar e acaba se frustrando e isolando-se.

Essa criança com Destino 4 necessita de um ambiente estável e estruturado para se sentir segura, porém os pais devem também estimular a experiência, a tentativa, o risco e a coragem. Devem valorizar a flexibilidade para que a criança possa expressar idéias diferentes, aceitando a realidade da vida, tão rica em estímulos.

A lógica e a razão, para a criança com Destino 4, acabam sendo mais valorizadas do que a intimidade e o emocional. Por isso é muito importante que ela receba constantemente manifestações de afeto.

Os brinquedos prediletos são os jogos de montar. Desde cedo, será uma criança que interagirá com o ambiente de forma mais metódica. Mais responsável e disciplinada, terá mais facilidade com os estudos e não dará trabalho aos pais para fazer os deveres de casa. Como o Destino 4 exige eficiência, tudo precisará de uma explicação lógica e convincente. Mas, cuidado! Ela ficará furiosa se alguma promessa não for cumprida. Nas brincadeiras e nos jogos será aquela que poderá organizar com eficácia as tabelas e os regulamentos. Gosta de ajudar os adultos e mostrar que é capaz e necessária. Prefere participar de brincadeiras que obedeçam a regras e que sejam claramente estruturadas. Tem paciência para montar um quebra-cabeça e deseja ver o produto das suas atividades concretizado como num desenho, montagem ou ainda poder tocar um instrumento, seguindo pautas e instruções. Se for solicitada a opinar sobre algum conflito, reagirá com incomparável senso de justiça. Terá sempre seus pertences, roupas, brinquedos e materiais bem arrumados. No trabalho, sua mesa estará sempre impecável, sem papelada espalhada. Tudo estará devidamente arquivado e será rapidamente encontrado.

Se essa pessoa de Destino 4 lidar positivamente com todos os desafios que encontrar ao longo da sua vida, da infância até chegar à fase adulta, será capaz de criar situações duradouras e seguras. Poderá também organizar e sistematizar seu ambiente. Sempre disposta a colaborar com a equipe e a empresa, no futuro será um profissional responsável, bem aceito dentro da organização. Sua determinação e perseverança serão fatores primordiais na sua caminhada. Será o porto seguro para pessoas e situações que dependam de força e estabilidade.

Deve estar vigilante quanto à rigidez e à intransigência, procurando um pouco mais de flexibilidade ao escutar a opinião dos outros. Seus pais devem estimular a receptividade a idéias diferentes. Possui potencial para ser um bom engenheiro, arquiteto, professor, escritor, técnico ou exercer qualquer profissão que exija concentração, organização, método e disciplina. Porém necessita tomar cuidado com o apego excessivo a detalhes, pois isso provoca lentidão, não levando a lugar nenhum.

LIVRE PARA VOAR...

AS PESSOAS COM NÚMERO DE DESTINO 5

As oportunidades e situações que a vida oferece para uma pessoa com Destino 5 são uma infindável passarela de novidades e experiências e exigirão que ela tenha grande flexibilidade para aproveitar as mudanças e assim promover o progresso.

O universo a estará sempre instigando a procurar novas oportunidades, a fazer novas amizades e a iniciar novos negócios.

Uma criança com Destino 5 vive desde pequena num ambiente que se altera constantemente. Isso acontece seja por mudanças de cidade por causa do trabalho dos pais, seja pelas situações que acontecem repentinamente, ou, ainda, pela falta de rotina no seu ambiente familiar, com importantes desestruturações. Por isso é uma criança que pode crescer com dificuldade de tomar um rumo e com a sensação de que de uma hora para outra sua vida pode mudar. Torna-se, assim, insegura, pois lhe faltam pontos estáveis de referência. Enfrentar a vida pode ser um bocado confuso, e por isso os pais de uma criança com Destino 5 devem procurar manter algum tipo de estabilidade para lhe trazer segurança. A criança pode ter dificuldade de adaptação na escola, no clube, na família e às regras do ambiente. Os pais devem mostrar ao seu filho que as experiências passadas são importantes, pois elas servem de exemplo e fundamentação para as atitudes futuras. Caso contrário, elas serão vistas meramente como mais um acontecimento na vida atribulada de um Destino 5. Essa criança tem de trabalhar a sua capacidade de adaptação, pois terá que fazer isso incessantemente, à medida que as mudanças vão se processando.

Os pais devem incentivar a criança a aprender a analisar e chegar a conclusões, para que valorize o resultado de uma ação obtido com perseverança e paciência e, por fim, para que também aceite certas convenções necessárias na vida em sociedade. A família deve orientá-la, porque, embora o caminho seja de aventuras e constantes mudanças, é importante que seja estimulada a ter uma atitude responsável e que aprenda a aprofundar os relacionamentos para que eles proporcionem mais satisfação.

Desde os primeiros anos de vida, estará aberta a experimentar e a aprender. Não suportará nada que lhe cerceie a liberdade. Constantemente em ação, é difícil mantê-la sob controle, pois sua atenção passa rapidamente de um estímulo a outro. Sua sala de aula ideal é um campo sem porteiras. Estará sempre pronta para passear e viajar. Excursões da escola, campo de férias, visitas e mais visitas. Adora explorar tudo o que é desconhecido. Aliás, só tem medo da rotina. Definitivamente, quer sentir-se livre. O importante é chegar a algum lugar que tenha cores novas, gente nova. Seu maior desafio está justamente em dar continuidade a pelo menos algumas atividades que começou. E essa será sua grande luta ao longo de toda a vida. A indecisão e a impaciência serão suas grandes inimigas.

Se essa pessoa de Destino 5 lidar positivamente com todos os desafios que encontrar ao longo da sua vida, da infância até chegar à fase adulta, sua sensibilidade será redirecionada e estimulada para o campo da criatividade. A pessoa com Destino 5 tem grande capacidade de renovação e de inventar novos métodos. Fértil em idéias e jorrando entusiasmo, a pessoa de Destino 5 pode canalizar essa energia para profissões de contato com o público tais como promotor de eventos, vendedor, publicitário, orador e pessoa de relações públicas, piloto, atriz/ator e agente da bolsa de valores. São muitos os interesses dessa pessoa, em várias áreas, assim como a diversidade de idéias. Nem sempre a educação formal é a maneira preferida de a pessoa com Destino 5 aprender, pois são mais importantes os sistemas que valorizem a curiosidade, o experimento, a ação e a interação. Ela prefere viver as suas próprias experiências e desenvolver-se sozinha a aprender pelas experiências dos outros. Aliás, jogo de cintura e versatilidade é que não faltarão a ela para superar quaisquer problemas. Tem a capacidade de transformá-los em boas oportunidades de crescimento para si e para aqueles que estiverem por perto, seja na família e na comunidade, seja no ambiente de trabalho. Afinal, é a pessoa com Destino 5 que faz as grandes revoluções e transformações no mundo, em todas as áreas.

LAR, DOCE LAR

AS PESSOAS COM NÚMERO DE DESTINO 6

As oportunidades que surgirem ao longo da vida de uma pessoa de Destino 6, desde a infância, exigirão que ela seja sensível às dificuldades e problemas dos outros.

A criança com Destino 6 pode nascer e crescer em um ambiente em que tenha de lutar para conquistar o amor de seus pais ou em que se sinta responsável por manter a união de um lar ameaçado e desestruturado por problemas familiares. Esse é um Destino em que se aprende a viver e a valorizar o amor entre as pessoas. A criança pode ter uma necessidade enorme de conseguir, a todo custo, a atenção dos outros. Dessa maneira, dedica-se a eles muitas vezes de maneira exagerada, possessiva e controladora. Ou a convivência com pais muito protetores pode deixá-la com pouco espaço para desenvolver o amor-próprio. Dessa maneira, acaba dependendo demais da apreciação dos outros, necessitando da opinião e do apoio alheios para tomar decisões e agir. Tem medo de não corresponder às expectativas, sentindo-se menos valorizada pelas pessoas de quem gosta e de quem quer receber afeto.

Os pais da criança com Destino 6 devem orientá-la a valorizar sua própria opinião, para que não se deixe levar pelas críticas das outras pessoas, para que desenvolva o amor-próprio e estabeleça relações com limites definidos. Os pais de uma criança com Destino 6 devem dar espaço a ela, amando-a e valorizando-a. Não raro, a criança com Destino 6 desenvolve muitas maneiras de chamar atenção e tende a fazer tudo para os outros de maneira a ser sempre requisitada e, assim, sentir-se querida e necessária aos outros.

Para uma pessoa com Destino 6, a vida só tem sentido se ela faz parte de uma família unida e bem estruturada. Amante da beleza e da estética, ela busca incansavelmente o equilíbrio, seja no lar, seja no trabalho ou em qualquer ambiente em que atue.

Desde criança, a vida propiciará à pessoa com essa vibração situações em que seja desenvolvida a responsabilidade pelos outros, principalmente pela família, propiciando um vínculo muito mais forte com seus entes mais queridos. Os passeios e as visitas com os pais, avós, tios, primos, irmãos, padrinhos, enfim, com a família, serão fonte de prazer. Será sempre uma boa companhia e adorará sentir-se útil. Na escola existe o desejo solidário em relação à professora ou aos colegas. Na faculdade e no trabalho, a pessoa com Destino 6 será prestativa e fará tudo com prazer e muita dedicação. O bem-estar do próximo é a sua maior felicidade. O trabalho em equipe é o que lhe dá mais prazer. De bem com a vida, age com justiça e amor. De tanto se preocupar com os outros, deve cuidar para não se envolver excessivamente com a vida alheia nem se cobrar demais.

Se essa pessoa de Destino 6 lidar positivamente com todos os desafios que encontrar ao longo da sua vida, da infância até chegar à fase adulta, terá grande facilidade em acolher e um grande senso de dever e justiça. Além disso, sentirá facilidade em colocar beleza e harmonia na sua vida e no seu ambiente. Seu Destino está relacionado com a aplicação das artes. Seu toque pessoal, o bom senso e o amor que dedica a tudo e a todos trazem equilíbrio e alegria.

Essa obstinação pelo bem comum propicia às pessoas com essa vibração um bom potencial de desenvolvimento profissional atuando como assistentes sociais, psicólogos, designers, enfermeiros, advogados, decoradores, artistas ou professores. São fiéis às suas causas. Por isso seus envolvimentos afetivos serão duradouros e elas tendem a permanecer por longos períodos na mesma atividade.

PENSO MUITO, LOGO EXISTO.

AS PESSOAS COM NÚMERO DE DESTINO 7

As oportunidades que surgirem ao longo da vida de uma pessoa de Destino 7, desde a infância, exigirão que ela estude, aprofunde-se no conhecimento e possa então ensinar aos outros as conclusões a que chegou.

A criança com Destino 7 poderá nascer e crescer em um ambiente em que a valorização do entendimento pela razão e a lógica é mais importante que as manifestações de afetividade. Ela pode ter sido exigida, pelos pais ou pelas contingências da vida, a ter atitudes de adulto ou então atitudes com base no intelecto, fazendo com que se sinta pouco amada. Os pais devem incentivar a compreensão da vida também pelas emoções, deixando fluir os sentimentos, os medos, as alegrias e tudo o que a lógica não pode explicar e determinar. Os pais devem dar espaço para as manifestações de espontaneidade, os exageros, as fantasias e os sonhos.

A criança com Destino 7 deve crescer em um ambiente em que tudo seja comentado e feito de maneira clara, sem subterfúgios, a fim de que cresça sem a sensação de que existe algo estranho e ruim pelo ar. Assim, assimilará as verdades da casa, dos relacionamentos e da vida onde foi criada, e poderá crescer sem medo de se envolver, sem medo de se expressar e sem medo de se relacionar.

No caso de uma criança com pais muito novos ou mais idosos, ou que passa sua infância com adultos mais velhos, como avós e irmãos com grande diferença de idade, é preciso cuidar para que não tenha precocemente atitudes adultas, deixando, com isso, de manifestar sua sensibilidade emocional. Os pais devem orientá-la para que construa a sua identidade de uma maneira ampla, aceitando suas fragilidades e emoções, sem ser reprimida. Devem estimulá-la a acreditar na sua capacidade e valer-se de sua intuição. Os pais devem incentivar a realização prática de todas as idéias que brotam nessa mente fértil. É preciso que ela seja objetiva e realista.

A criança com Destino 7 não se satisfaz com uma explicação simplista e superficial, sem base lógica. Faz sempre muitas perguntas e é meticulosa demais quando se entrega a uma atividade que a envolve. Sua curiosidade intelectual é enorme, e deve ser incentivada pelos pais a aumentar seus conhecimentos através da leitura, de passeios com a escola e de filmes com histórias investigativas. Os pais devem incentivá-la a buscar novidades, a viajar e conhecer lugares fora do comum.

No esporte, a criança com Destino 7 só se interessa por atividades em que tenha que usar sua capacidade analítica, pensando nas estratégias. Não fica à vontade quando pressionada. Adora assistir a filmes com o intuito de descobrir coisas novas ou aprofundar-se em assuntos científicos ou mistérios. A matéria de ciências, as idas ao laboratório, o uso do computador, a pesquisa em geral e o uso da técnica norteiam a criança com Destino 7. Vai sentir um enorme prazer ao elucidar suas dúvidas. Esse constante aprendizado é que faz a pessoa com Destino 7 desenvolver-se. É o que a faz feliz.

O convívio com a natureza lhe faz bem, pois vai ajudá-la a refletir. A música lhe possibilita ficar a sós com seus pensamentos, além de lhe permitir apreciar a técnica de um bom baterista, guitarrista, etc. Deve aproveitar os trabalhos em grupo para se aproximar mais do convívio social, pois é recatada. Poderá ficar horas trancada no quarto lendo, estudando, buscando soluções para um intrincado problema.

Somente aos poucos é que adquire confiança nas outras pessoas. Só assim consegue fazer grandes e duradouras relações. Deve cuidar para não ser arrogante, exigente e inflexível diante das suas visões sobre a vida, já que está sempre duvidando de tudo até que se consiga provar algo. Como é muito analítica, a criança com Destino 7 poderá pensar demais sobre um determinado assunto ou acontecimento, a ponto de começar a ver problemas que não existem.

Se essa pessoa de Destino 7 lidar positivamente com todos os desafios que encontrar ao longo da sua vida, da infância até chegar à fase adulta, estará sempre pronta a trazer soluções e a aconselhar. Essas pessoas são as especialistas em determinado assunto e primam pela qualidade. Seu Destino é o do aprofundamento e refinamento do saber.

Essa essência da pessoa com a vibração 7 vai abrir oportunidades em profissões e atividades que envolvam muito estudo, uso da tecnologia e pesquisa. Poderão ser excelentes professores, cientistas, técnicos, músicos, escritores, químicos, psicólogos, conselheiros e estudiosos dos mistérios ocultos.

O CÉU É O LIMITE!

AS PESSOAS COM NÚMERO DE DESTINO 8

As oportunidades que surgirem ao longo da vida de uma pessoa de Destino 8, desde a infância, exigirão que ela seja empreendedora no mundo material, valorizando o comando, sem negligenciar o envolvimento com a espiritualidade.

A criança com Destino 8 poderá nascer e crescer em um ambiente em que vivencie disputas de poder e comando, o que pode acontecer entre seus pais. A criança cresce com uma necessidade de compreender o que é certo e o que é justo, já que essa informação fica muito confusa em sua vida. Ou então pode faltar-lhe uma figura de autoridade, como nos casos de um pai ausente. Isso faz com que a criança traga para si mesma mais responsabilidades ou então se vincule a pessoas que notadamente são fortes e autoritárias.

Os pais de uma criança com Destino 8 devem orientá-la com o intuito de que aprenda a dar valor a tudo na vida, desde os relacionamentos afetivos até posses materiais. Precisa aprender que não é por meio do controle nem da demonstração de força e autoridade que se fazem as conquistas. Necessita também aprender que é possível vincular-se a pessoas por amor, amizade e simpatia. Deve entender que as relações pessoais na vida não se fazem por troca ou interesse, nem por competição.

Os pais precisam orientar essa criança no sentido de aceitar as diferenças, dar espaço a pessoas menos eficientes, tolerar distintos pontos de vista e praticar a gentileza, o respeito e a paz. Os pais devem educá-la para não ser excessivamente exigente. Para uma pessoa com Destino 8, as palavras "pouco" e "pequeno" quase inexistirão. Estará sempre em busca de grandes vitórias, grandes negócios e grandes causas. Isso tudo acontecerá porque a criança com Destino 8 tem a necessidade de provar o tempo todo sua eficiência e sua capacidade de ser a autoridade.

Desde a infância, a criança com Destino 8 vai pensar alto. Vai querer completar o álbum de figurinhas primeiro. No jogo de RPG, vai pensar em formas de ganhar tudo. Honestamente, é lógico, pois não tolera a injustiça e a trapaça! Com isso, logo terá dois álbuns completos. É eficiente em tudo o que se propõe a fazer e não gosta de perder tempo com atividades que não levem a lugar nenhum. No entanto, foge dos detalhes de qualquer projeto ou ação e não se interessa por envolvimentos em atividades simples, sem nenhum desafio.

Quando assume fazer algo, prefere estar no posto de comando, nem sempre conseguindo delegar responsabilidades ou confiando nos outros. Na faculdade e, mais tarde, no trabalho, idealizará projetos arrojados. Deve ter cautela com a tendência ao materialismo e a atração exagerada pelo poder, para não se transformar em uma pessoa impaciente, intolerante e com sérias dificuldades em trabalhar em grupo ou mesmo conviver com os familiares.

Durante a vida, a pessoa com Destino 8 terá oportunidades para não se deixar levar pela ambição desmedida. Em alguns momentos poderá obter o reconhecimento e a recompensa esperados, bastando equilibrar seu desejo material com a força espiritual.

Essa essência da pessoa com a vibração 8 vai abrir oportunidades em profissões que exigirão seu grande talento para organizar e gerenciar. Poderá exercer atividades empresariais, de direção, administração e gerência de projetos de grande envergadura.

Se essa pessoa de Destino 8 lidar positivamente com todos os desafios que encontrar ao longo da sua vida, da infância até chegar à fase adulta, estará sempre pronta a enfrentar os obstáculos que surgirem e a usar a sua grande determinação para lidar com empreendimentos de todo tipo. Sabe como resolver situações difíceis e problemas intrincados. Seus objetivos são claros e, uma vez determinados, nada abala a sua caminhada para as suas conquistas. Gosta de tudo que depende de esforços constantes, autoconfiança, eficiência ao gerenciar as atividades, coragem diante das adversidades, capacidade de elaborar estratégias dentro de um plano de ação.

AMPLIAR HORIZONTES

AS PESSOAS COM NÚMERO DE DESTINO 9

As oportunidades que surgirem ao longo da vida de uma pessoa de Destino 9, desde a infância, exigirão que ela se envolva com assuntos relacionados ao grande público, como as artes e a responsabilidade social.

A criança com Destino 9 pode nascer e crescer em um ambiente em que seja educada por pessoas bem mais velhas, como os avós, ou então em ambientes onde precocemente se exija que ela tenha atitudes de adulto, tendo que cuidar dos irmãos mais novos ou dos pais. A pessoa com Destino 9 viverá situações conflitantes, ora enfrentando a necessidade de ser um adulto responsável e sábio, ora buscando afastar-se dos compromissos e obrigações, da realidade dura da vida, envolvendo-se em fantasias utópicas. Pode desejar reformar o mundo, e, à medida que a criança com Destino 9 torna-se jovem e adulta, percebe que é possível coexistir o sonho, que agora se transforma em idealismo, com a realidade.

Todas as situações enfrentadas por uma pessoa de Destino 9 acontecem para que ela aprenda sobre a vida e para que amplie seus conhecimentos e seu horizonte. E também para que ela desenvolva compreensão e responsabilidade em relação ao mundo em que vive. Por isso a pessoa com Destino 9 busca relacionar-se com pessoas que possuam mais experiência de vida.

Pode ter dificuldade em relacionamentos íntimos, pois idealiza o amor, não compreendendo muito bem as necessidades das outras pessoas. No fundo, imagina que todos são como ela. Em conseqüência disso, pode passar um período confiando demasiadamente nos outros e acreditando de olhos fechados em boas intenções. É importante que os pais sempre transmitam a essa criança os dados da realidade, que ela possa se posicionar de maneira crítica, usando a razão e a lógica para avaliar os acontecimentos. É conveniente que os pais incentivem essa criança a estabelecer diferenças e limites entre ela e as outras pessoas: entre a emoção e a razão, entre o real e o ideal. Dessa forma, não se sentirá culpada pela direção que a vida tome ou pelas dificuldades e fragilidades dos outros. E poderá enfrentar a realidade sem escapismos, fazendo dos seus milhões de projetos e idéias uma fonte de realização concreta.

A preocupação em ajudar os outros assim como o desejo de transmitir conhecimento serão as missões de vida de uma pessoa com Destino 9.

Desde a tenra infância, estará preocupada em acudir aqueles que se machucam numa brincadeira, que estão com dificuldade em entender uma matéria na escola ou sofreram alguma privação na vida. A colega que está chorando porque o cachorrinho sumiu vai poder contar com seu socorro. Mais tarde, consolará a amiga que brigou com o namorado ou o pai, assim como o colega que está triste porque o time de futebol dele perdeu a final do campeonato. A vida, para a pessoa de Destino 9, será sempre repleta de oportunidades para ela amparar aqueles que estão em apuros. Seu maior desafio será não esquecer de si mesma ou da família, pois muitas vezes tenderá a se dedicar de corpo e alma às suas causas.

Interessa-se por assuntos do meio ambiente e por tudo que possa levar uma melhor qualidade de vida às pessoas. Seu motor propulsor é fazer algo que tenha repercussão universal e por isso o mundo das artes, do cinema e do espetáculo a atrai. É preciso ter algo a falar, a mostrar e a ensinar aos outros. Por isso os pais devem incentivar a criança a aprender muito sobre os mais diferentes assuntos.

Se essa pessoa de Destino 9 lidar positivamente com todos os desafios que encontrar ao longo da sua vida, terá oportunidades para aprender sobre vários temas, para se envolver com grupos diferentes de pessoas e para ajudar quem precisa. Não há limitações para esse Destino, contanto que a pessoa tenha um pensamento amplo, receptivo e universal.

A vida propiciará oportunidades nos campos da saúde, do ensino e do aconselhamento. Poderá atuar com êxito em ONGs, entidades filantrópicas e de proteção do meio ambiente, assim como trabalhar como médico, enfermeiro, veterinário, jornalista, psicólogo, assistente social, professor ou designer de moda, ou, ainda, desenvolver projetos sociais.

INSPIRAÇÃO À FLOR DA PELE

AS PESSOAS COM NÚMERO DE DESTINO 11

As oportunidades que surgirem ao longo da vida de uma pessoa de Destino 11, desde a infância, exigirão que ela desenvolva sua sensibilidade a fim de que seja uma mensageira espiritual e possa, então, orientar as pessoas.

A pessoa com Destino 11 poderá nascer e crescer em um ambiente em que tenha de lutar por atenção, para conquistar e exercer sua individualidade, como no caso de uma família com muitos filhos. Começa então a desenvolver uma necessidade de se dedicar demasiadamente aos outros, ou então passa a desenvolver um sentimento de menos valor. Em um Destino 11, as oportunidades são para que a criança amplie a sua percepção da vida, desenvolva a sensibilidade para conseguir ter uma grande e profunda compreensão dos mistérios que envolvem a existência. É necessário buscar a compreensão com base na espiritualidade. Poderá, assim, servir de inspiração aos outros, fazendo a distinção entre ajudar e orientar.

Precisa aprender a compreender a vida, as pessoas, de uma maneira menos individualista, libertando-se dos conflitos e contradições que marcam o Destino 11, fortalecendo-se e buscando soluções novas. As experiências de vida são para que a criança esteja em contato com as mais diversas culturas e crenças, tipos de pessoas e tudo que lhe dê liberdade de pensar, de agir e de escolher. Os pais da criança com Destino 11 devem incentivá-la a se adaptar às outras pessoas, visto que durante sua vida terá como desafio servir de inspiração para elas. E deverá ajudar a buscar soluções para aperfeiçoar as condições que existem e estar atenta às suas percepções e intuições, à sua voz interior. Terá de mostrar de maneira clara suas intenções, sem deixar margem a dúvidas. Por isso os pais devem orientá-la a ser independente e responsável.

Se essa pessoa de Destino 11 lidar positivamente com todos os desafios que encontrar ao longo da sua vida, da infância até chegar à fase adulta, terá uma montanha-russa de emoções, sobre a qual ela agirá com muita criatividade. Poderá transformar o mundo e colaborar para que muitos possam ter uma existência mais digna. A pessoa com Destino 11 é líder e poderá destacar-se por suas inclinações artísticas.

Idealista por natureza, terá muitos sonhos que, mesmo que não sejam inteiramente concretizados, deixarão alguma contribuição à vida dos outros. Nas brincadeiras da escola ou do clube, nos trabalhos e atividades da faculdade, e depois, ao longo da carreira profissional, a pessoa com a energia 11 será sempre solicitada a intervir com bastante engenhosidade. Encontrará as soluções mais interessantes e eficazes para enfrentar e superar os obstáculos que surgirem. Deve tomar cuidado para não sonhar em demasia, fugindo da realidade e, com isso, deixando de exercer de forma eficaz seu imenso potencial criativo. Isso também pode transformá-la numa pessoa ansiosa, nervosa e crítica. É preciso procurar voltar sempre à terra e estar mais em sintonia com a vida.

Poderá aproveitar melhor as portas que forem abertas em atividades que exijam mais da sua grande capacidade criativa, tais como as artes, da literatura à TV, a música, o cinema, a psicologia, a publicidade, o aconselhamento espiritual.

A DATA DO NASCIMENTO: DESCOBRINDO A LIÇÃO DE VIDA

O dia do nascimento tem uma energia fundamental na vida de cada pessoa. A vibração determinada pela data do nosso nascimento vem do somatório do dia, mês e ano. Ao realizarmos essa soma até se chegar a um dígito (exceto o Número-Mestre 11), encontramos o Número da Lição de Vida. Esse Número tem uma das energias vitais do ser humano, pois determina os desafios que precisamos aprender a superar ao longo da nossa caminhada. O Número do Destino (somatório do nome) revela qual é a energia que existe no nosso caminho de vida. Por sua vez, a Lição de Vida revela qual é o grande desafio (lição) que cada um de nós veio aprender enquanto trilha esse caminho. Já o Nome de Vida (o prenome) mostra as características de personalidade dessa pessoa que vão influenciar essa caminhada. Por isso, dentro da Numerologia, o Número da Lição de Vida é um dos mais importantes.

Abaixo, apresentamos o exemplo de ANGELINA JOLIE VOIGHT, que nasceu em 4 de junho de 1975. Assim, temos:

$$4 + 6 + (1+9+7+5) \rightarrow 4 + 6 + 22 = 32 \rightarrow 3 + 2 = 5$$

Inicialmente reduza o ano para dois dígitos:

$$1 + 9 + 7 + 5 = 22$$

Depois some todos os componentes da data de nascimento:

$$4 + 6 + 22 = 32$$

Por fim, some os dois dígitos finais até ficar reduzido a um único dígito (exceto se for 11):

$$3 + 2 = 5$$

Seu Número de Lição de Vida é 5, o que significa que o grande desafio que Angelina Jolie tem enquanto trilha seu Destino 6 é saber usar essa mente fértil em idéias, a liberdade e a versatilidade com o intuito de promover mudanças e trazer progresso.

Como falamos na exceção, que é o Número-Mestre 11, ilustramos essa situação com o exemplo abaixo:

No caso de alguém que nasceu em 17 de novembro de 1981, o cálculo é:

$$17 + 11 + (1 + 9 + 8 + 1) = 17 + 11 + 19 = 47 \rightarrow 4 + 7 = 11$$

Inicialmente reduza o ano para dois dígitos:

$$1 + 9 + 8 + 1 = 19$$

Depois some todos os componentes da data de nascimento:

$$17 + 11 + 19 = 47$$

Por fim, some os dois dígitos finais:

$$47 \rightarrow 4 + 7 = 11$$

Nesse caso, não se soma novamente até se chegar a um resultado com um dígito, pois o 11 é considerado um Número-Mestre.

A pessoa tem, assim, o Número de Lição de Vida 11.

NÚMERO DE LIÇÃO DE VIDA 1

O grande desafio é desenvolver a individualidade e a independência, assim como usar suas idéias originais para exercer a liderança.

NÚMERO DE LIÇÃO DE VIDA 2

O grande desafio é desenvolver a compreensão e a diplomacia, estabelecendo a harmonia entre partes conflitantes.

NÚMERO DE LIÇÃO DE VIDA 3

O grande desafio é desenvolver a comunicação e o otimismo, trazendo alegria e bem-estar para a vida.

NÚMERO DE LIÇÃO DE VIDA 4

O grande desafio é desenvolver a organização e o planejamento para poder agir de uma maneira construtiva e útil.

NÚMERO DE LIÇÃO DE VIDA 5

O grande desafio é saber usar as muitas idéias, a sua liberdade e a versatilidade para promover mudanças e progresso.

NÚMERO DE LIÇÃO DE VIDA 6

O grande desafio é desenvolver a arte e o senso de responsabilidade e justiça para com as pessoas, buscando a harmonia.

NÚMERO DE LIÇÃO DE VIDA 7

O grande desafio é conhecer a si mesmo e buscar respostas para todas as dúvidas, desenvolvendo a capacidade analítica e a intuição.

NÚMERO DE LIÇÃO DE VIDA 8

O grande desafio é aprender a usar a capacidade de comando para organizar o mundo material.

NÚMERO DE LIÇÃO DE VIDA 9

O grande desafio é ampliar sua visão de mundo, de maneira a usar sua criatividade e idealismo para trazer melhor qualidade de vida para as outras pessoas.

NÚMERO DE LIÇÃO DE VIDA 11

O grande desafio é tomar consciência do mundo espiritual, sendo capaz, assim, de transmitir todo o seu conhecimento e sabedoria para os outros, abrindo novos caminhos e orientando com sua luz.

CONHEÇA OUTRO LIVRO DOS AUTORES

O PODER QUE VEM DO SEU NOME

Aparecida Liberato e Beto Junqueyra ensinam que a Numerologia é capaz de nos ajudar na busca por equilíbrio e sucesso no trabalho, potencializando nossos talentos e abrindo portas para novas realizações.

Eles demonstram que, ao escolher um nome profissional, que é chamado de *Nome de Realização* e pode ser uma simples variação ou abreviação do nosso nome, podemos trazer qualidades e energias que faltavam a nossas vidas, tornando-nos pessoas mais completas.

Um nome profissional, um apelido ou um nome de casado podem facilitar ou dificultar o desenvolvimento dos talentos naturais determinados pelo *Nome de Nascimento*. Por isso, qualquer mudança deve ser feita com o cuidado de promover harmonia com o nome original.

Aqui você aprenderá a calcular e interpretar seus números e verá exemplos de como diversas personalidades – Coco Chanel, Donald Trump, Estée Lauder, Elton John, J.K. Rowling, Pelé, Madonna e Pablo Neruda, entre muitos outros – canalizaram novas energias para suas vidas ao adotar, conscientemente ou não, nomes artísticos ou profissionais.

CONHEÇA OUTROS TÍTULOS DA COLEÇÃO AUTO-ESTIMA

365 mensagens de sabedoria e compaixão,
de Sua Santidade, o Dalai-Lama

A arte da prudência, de Baltasar Gracián

A cura através da terapia de vidas passadas e
Os espelhos do tempo, de Brian Weiss

Uma ética para o novo milênio, de Dalai-Lama

A arte da meditação, de Daniel Goleman, Ph.D.

A essencial arte de parar, de David Kundtz

Praticando o Poder do Agora, de Eckhart Tolle

Histórias para aquecer o coração dos pais, de Jack Canfield,
Mark V. Hansen, Jeff Aubery e Mark & Chrissy Donnelly

Histórias para aquecer o coração das mães, de Jack Canfield,
Mark V. Hansen, Jennifer Read Hawthorne e Marci Shimoff

Histórias para aquecer o coração dos adolescentes,
de Jack Canfield, Mark V. Hansen e Kimberly Kirberger

Conversando com os espíritos, de James Van Praagh

Espiritualidade, de Leonardo Boff

Cultivando a saúde do corpo e da mente,
Meditações para a manhã e para a noite e
O poder das afirmações positivas, de Louise Hay

Lições sobre amar e viver, de Morrie Schwartz

Aprendendo a conviver com quem se ama, de Neale Donald Walsch

Faça o seu coração vibrar, de Osho

Descobrindo a alegria de viver, de Salle M. Redfield

A arte de viver, de Sharon Lebell

Pequenos milagres, de Yitta Halberstam e Judith Leventhal

INFORMAÇÕES SOBRE OS PRÓXIMOS LANÇAMENTOS

Para receber informações sobre os lançamentos da EDITORA SEXTANTE, basta cadastrar-se diretamente no site www.sextante.com.br

Para saber mais sobre nossos títulos e autores, e enviar seus comentários sobre este livro, visite o nosso site www.sextante.com.br ou mande um e-mail para atendimento@esextante.com.br

EDITORA SEXTANTE
Rua Voluntários da Pátria, 45 / 1.404 – Botafogo
Rio de Janeiro – RJ – 22270-000 – Brasil
Telefone (21) 2286-9944 – Fax (21) 2286-9244
E-mail: atendimento@esextante.com.br